A DANÇA

A DANÇA

Dados Internacionais de Catalogação na Publicação (CIP)
(Câmara Brasileira do Livro, SP, Brasil)

Vianna, Klauss
   A dança / Klauss Vianna ; em colaboração com Marco Antonio
de Carvalho. 8. ed. – São Paulo : Summus, 2018.

   ISBN 978-85-323-0843-6

   1. Auto-percepção 2. Bailarinos – Biografia 3. Balé (Dança)
4. Espírito e corpo I. Carvalho, Marco Antonio de. II. Título

                                                    CDD-927.9280981
04-8414   -792.8

                  Índices para catálogo sistemático:
              1. Bailarino brasileiros : Biografia   927.9280981
                    2. Balé : Dança   792.8
                  3. Balé : Dança : Técnica   792.8
                4. Brasil : Bailarinos : Biografia   927.9280981

Compre em lugar de fotocopiar.
Cada real que você dá por um livro recompensa seus autores
e os convida a produzir mais sobre o tema;
incentiva seus editores a encomendar, traduzir e publicar
outras obras sobre o assunto;
e paga aos livreiros por estocar e levar até você livros
para a sua informação e o seu entretenimento.
Cada real que você dá pela fotocópia não autorizada de um livro
financia o crime
e ajuda a matar a produção intelectual de seu país.

A DANÇA

KLAUSS VIANNA

Em colaboração
com Marco Antonio
de Carvalho

summus
editorial

A DANÇA
Copyright © 2005 by Klauss Vianna e Marco Antonio de Carvalho
Direitos desta edição reservados por Summus Editorial

Capa: **Alberto Mateus**
Projeto gráfico e diagramação: **Crayon Editorial**

2ª reimpressão, 2024

Summus Editorial
Departamento editorial
Rua Itapicuru, 613 – 7º andar
05006-000 – São Paulo – SP
Fone: (11) 3872-3322
http://www.summus.com.br
e-mail: summus@summus.com.br

Atendimento ao consumidor
Summus Editorial
Fone: (11) 3865-9890

Vendas por atacado
Fone: (11) 3873-8638
e-mail: vendas@summus.com.br

Impresso no Brasil

Pra vocês:
Angel, Rainer, Neide e Tainá

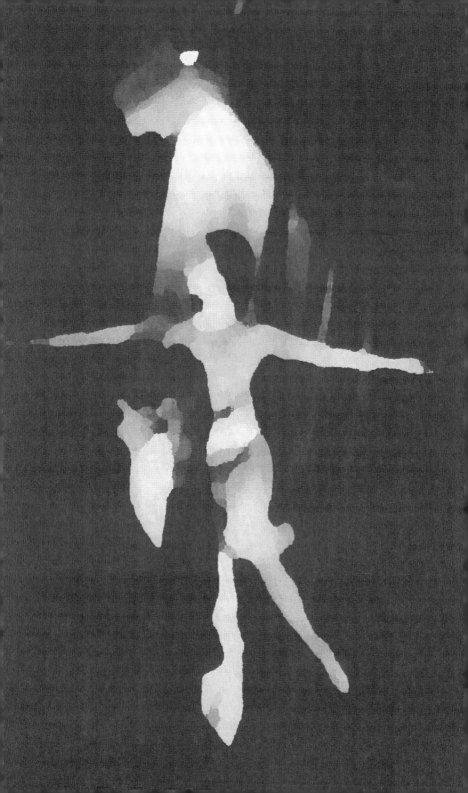

SUMÁRIO

Apresentação	*11*
Prefácio	*13*
Antes de mais nada	*15*
Introdução	*17*

A VIDA

1 Belo Horizonte, anos de 1930	*22*
2 Balé clássico: uma visão mineira	*27*
3 O compasso baiano	*38*
4 As pequenas mortes	*45*
5 O eterno recomeço	*56*
6 Estar no mundo	*69*
7 Pela criação de um balé nacional	*83*

A TÉCNICA

8 A harmônica incoerência	*92*
9 Ao ritmo do universo	*98*
10 Aprendizado e energia: noções	*106*
11 Percepção corporal a partir de movimentos básicos	*119*
12 Na sala de aula	*132*
13 Magia e técnica	*147*

A VISÃO DO OUTRO

Klauss: educando os sentidos	*152*

APRESENTAÇÃO

Em *A dança*, Klauss faz um depoimento sobre seu trabalho que toca fundo em minha saudade – um toque que brota da minha totalidade.

A dança é um registro de vida, de força e de expressão – do estar no mundo. Um livro no qual Klauss procurou desvendar caminhos, aprendizados – uma educação dos sentidos.

Definir seu trabalho sempre foi um questionamento, não dele: é técnica, é método, é processo? Mas o trabalho é um todo, e os momentos se cruzam.

Com formação exclusivamente na técnica clássica, Klauss a considerou a mais perfeita. E é necessário ter precisão na hora de ensiná-la.

Mais de dez anos de saudade e ausência...

Falar de Klauss é falar de uma história – nos corpos de Klauss, de Angel e de Rainer... Pesquisador incansável, tanto na dança como no teatro.

Na nossa Escola Klauss Vianna, em Belo Horizonte, ele desenvolveu um trabalho coreográfico com uma criatividade sem limites. Buscou nas suas coreografias uma pesquisa profunda, tanto na técnica como na criação musical, procurando também recursos nas artes plásticas.

Nessa procura, desvendou caminhos de profundidade e de expressão.

Aprendemos, assim, a enfrentar o mundo, suas belezas e adversidades.

Klauss, o exigente pesquisador, narra, em *A dança*, o caminho percorrido como bailarino, coreógrafo, professor de dança e de expressão corporal. Porém, deixou ainda incompleto o registro de seu trabalho, ao qual se dedicou durante longos anos. Ele sempre questionou o fato de ter de escrever sobre seu ofício – que hoje não é o mesmo de ontem, nem o mesmo de amanhã.

O teatro para Klauss estava relacionado com sua vida. Começou em Belo Horizonte, como ator de *O retrato de Dorian Gray*. Retornou aos palcos em 1968, no Rio de Janeiro, com a peça *A ópera dos três vinténs*, com direção de José Renato, na qual Klauss ficou conhecido como "mestre da expressão corporal". Antes da dança, sua paixão foi o teatro. Mas ele trazia ambos na mente, no corpo e no coração.

Klauss avançou adentrando caminhos diversos, em épocas distintas, permeadas de contradições. Ele deixou pegadas para seguidores, que poderão encontrar neste livro uma compreensão do corpo.

• ANGEL VIANNA
Professora e coreógrafa

PREFÁCIO

A dança foi escrito por Klauss Viana em colaboração com Marco Antonio de Carvalho, por ocasião da bolsa da Fundação Vitae recebida por Klauss.

O livro está dividido em duas partes. A primeira, A VIDA, fala da história de Klauss: sua infância em Belo Horizonte; seu primeiro contato com a dança, por meio do professor de balé clássico Carlos Leite; sua passagem, como professor, pela Universidade Federal da Bahia; o tempo de Rio de Janeiro, com o prêmio Molière; e os últimos anos, em São Paulo, com a direção do Balé da Cidade de São Paulo. Fala de seu trabalho de dança com pessoas como Angel Vianna – sua esposa –, Lia Robatto e Rolf Gelewski, e em teatro, com Marília Pêra, Marco Nanini, Juliana Carneiro da Cunha, Rubens Corrêa e Tonia Carrero, para citar alguns. Já nessa primeira parte, Klauss vai nos mostrando como chegou à visão de corpo, dança e teatro que fundamenta o trabalho desenvolvido por ele.

Na segunda parte, A TÉCNICA, expõe sua filosofia. Fala do trabalho em sala de aula, de técnica, dos princípios do método – como a importância da consciência corporal, do tônus e da tensão, as oposições no movimento, as espirais, a relação com a gravidade, com o espaço, com a vida.

Essas duas partes são antecedidas por uma justificativa do próprio Klauss e por uma introdução de Luis Pellegrini, jornalista e escritor que, além de amigo, foi seu aluno por muitos anos. Ao final, com o título de A VISÃO DO OUTRO, temos o artigo "Klauss: educando os sentidos", da jornalista e crítica de dança Ana Francisca Ponzio, que sempre acompanhou o trabalho de Klauss aqui em São Paulo.

Klauss foi o introdutor, no Brasil, da preparação corporal de atores e do que chamamos de educação somática, usada na dança. Influenciou muito fortemente a formação de diversos atores e bailarinos atuantes nos dias de hoje. Seu trabalho continua no corpo desses intérpretes e nas salas de aula de escolas de dança, de teatro e nas universidades.

• NEIDE NEVES
Preparadora corporal e professora dos cursos de Teatro da Universidade Anhembi-Morumbi e de Comunicação das Artes do Corpo da PUC-SP.

ANTES DE MAIS NADA
(PRÓLOGO À PRIMEIRA EDIÇÃO)

Quando me apaixonei pela dança e pelas possibilidades expressivas do movimento, eu era quase um adolescente. Ao longo dessa ligação, que já dura mais de quarenta anos, procurei perceber e questionar os gestos e movimentos humanos em sua profundidade – sempre orientado por minhas inquietações, em parte provocadas pelas inúmeras lacunas que um bailarino brasileiro enfrenta em sua formação. Mas não quero aqui demonstrar um método pronto e acabado. Semelhante às infinitas descobertas que a vida nos proporciona, um processo didático e criativo é inesgotável. Por isso, em vez de conduzir adaptações para maneiras de dançar ou se movimentar que me agradam ou com as quais me identifico, prefiro apresentar informações e estimular as contribuições individuais. É o que pretendo com base nas reflexões – e dúvidas – contidas neste livro. Que, espero, não busque nem estabeleça certezas, mas desperte o desejo permanente de investigação perante a dança e a arte – que, para mim, se confundem com a vida.

• KLAUSS VIANNA

INTRODUÇÃO

Este é um livro de Vida, e não apenas de dança. É produto acabado de um trabalho de observação, experimentação, estudo e reflexão sobre o corpo humano e suas implicações anatômicas, funcionais, emocionais, psicológicas, afetivas e espirituais. Toda essa massa de conhecimento custou ao autor, Klauss Vianna, não apenas as muitas horas passadas nas salas de aula, como aluno e como professor, e o tempo empregado nos seus estudos teóricos: o material aqui contido, além de tudo isso, reflete a própria experiência existencial de Klauss, desde os primeiros anos de vida até os tempos da sua maturidade consolidada.

A obra divide-se em duas partes principais. A primeira, de cunho predominantemente autobiográfico, pode ser lida como um relato, uma reportagem, e, em algumas passagens, até mesmo como um romance. Retrata a trajetória exemplar de uma inata vocação para a dança, surgida no Brasil dos anos de 1930, e que se estendeu, sem interrupção, ao longo de várias décadas, confundindo-se com a própria história da dança no Brasil no período.

O relato é de grande utilidade não apenas para os profissionais da dança, mas também para todos aqueles que pretendem desempenhar, na vida, alguma atividade criativa, seja na área das artes como na da ciência, da filosofia, ou da religião. Ao relatar seu caminho pessoal no mundo, Klauss Vianna transmite uma lição fundamental: a criação humana, não importa qual seja, não pode prescindir da vivência atenta, honesta e paciente da realidade. E a realidade começa no cotidiano, nas coisas mais simples e aparentemente sem importância, por exemplo, e para citar episódios do livro: o sabor dos tomates frescos, o contato com os seios da avó, o balé das nuvens no céu, os movimentos musculares do jardineiro no desempenho de suas funções. É na observação dos processos da natureza, manifestada dentro e fora de si mesmo, que se acumula o acervo das coisas que, depois, constituirão a matéria-prima da obra pessoal.

A segunda parte do livro é o resultado concreto da primeira. Apresentados sob o título de "A técnica", estes capítulos ganham dimensões surpreendentes. O que Klauss Vianna chama de "técnica" transcende com larqueza os limites do significado mais corrente e tradicional atribuído ao termo. Existe uma "técnica Klauss Vianna", mas ela pouco ou nada tem que ver com os sistemas de regras, códigos e princípios ordenados na concepção comum da dança clássica e moderna, tampouco com os métodos de trabalho corporal das — hoje tão em moda — terapias do corpo e similares. Klauss aceita esses sistemas, e os respeita como base histórica e formal capaz de fornecer elementos nada desprezíveis. Mas sua visão vai muito além. Partidário apaixonado da liberdade individual em todas as suas formas, ele rejeita o aspecto de "camisa-de-força" em que esses sistemas se transformam quando aplicados da maneira massificada, ou quando são entendidos como escalas de regras fixas e imutáveis.

Nesse contexto de liberdade — que não significa caos nem desordem indiscriminada —, a dança para Klauss deixa de ser uma profissão, uma diversão, uma ginástica, deixa até de ser uma arte no sentido mais restrito do termo, para ser entendida e vivida como um caminho de autoconhecimento, de comunhão com o mundo e de expressão do mundo.

Ao lançar-se em vôos tão amplos, para os quais usa asas de grande envergadura, o autor retoma a visão dos antigos, segundo a qual o homem é um microcosmo que sintetiza em si o macrocosmo, o universo. Nessa visão, as leis que regem a gênese e a evolução do universo são exatamente as mesmas leis que regem a existência humana. E todo esse sistema universal de leis não conhece, em sua manifestação, a permanência estática: tudo acontece na forma de uma perene dinâmica caracterizada pelo movimento.

A vida, o mundo e o homem manifestam-se por meio do movimento. Dançar é mover-se com ritmo, melodia e harmonia. Por tal razão, nas metafísicas orientais, os deuses responsáveis pela criação do mundo são geralmente apresentados como os "Senhores da Dança". Este é, por exemplo, o caso de Shiva Nataraja, o "Senhor da Dança", deus indiano da criação.

No mito da criação do mundo por Shiva Nataraja, no princípio o universo era constituído da substância inerte. Cansado de sua imobilidade, Brama, o Absoluto, emana de si mesmo o deus Shiva Nataraja, que já surge dançando. Do corpo de Shiva em movimento emanam ondas sonoras, vibrações e energias que vivificam a matéria inerte. Assim são criadas as infinitas formas do mundo manifestado. Cada uma dessas formas, por sua vez, passa a dançar e a vibrar dentro dos mesmos padrões de ritmo, melodia e harmonia da dança original de Shiva. E, portanto, em si mesmas depositárias essenciais de Shiva, todas as formas da criação natural são também, pelo menos em potencial, criadoras. Nisso inclui-se o homem, criação natural e criador potencial.

Essa mesma idéia do homem e do mundo surgindo e evoluindo no eterno contexto de uma dança cósmica que não tem começo e nem fim talvez seja a chave última para a compreensão da proposta de Klauss Vianna. Para o bailarino, este seu livro ensina que a dança, a mais antiga de todas as formas de arte, é uma opção total de vida. Ensina que antes de exprimir na matéria a sua experiência existencial, o homem a traduz com a ajuda do próprio corpo. Alegria, dor, amor, terror, nascimento, morte, tudo, para o verdadeiro bailarino, é motivo e ocasião de dançar. Por meio dos movimentos da dança aprofunda-se cada experiência e realiza-se o milagre da comunicação.

Para os não-profissionais, Klauss reserva uma revelação substancial: a de que todos somos, sem exceção, bailarinos da vida, todos nos movendo para um único e fundamental objetivo: o autoconhecimento.

Pela dança o homem manifesta os movimentos do seu mundo interior, tornando-os mais conscientes para si mesmo e para o espectador; pela dança ele reage ao mundo exterior e tenta apreender os fenômenos do universo. Nessa tentativa, ele se aproxima cada vez mais de seu Ser mais profundo. Ou, fazendo de Klauss Vianna as palavras de Maria-Gabriele Wosien em seu livro *A dança sagrada*, "da mesma forma que a criação esconde o Criador, o invólucro físico do homem esconde a sua espiritualidade. Dançando, o homem transcende a fragmentação, esse espelho partido cujos pedaços representam as partes dispersas do todo. Enquanto dança, ele percebe novamente que é uno com seu próprio Eu e com o mundo exterior. Quando atinge tal nível de experiência profunda, o homem descobre o sentido da totalidade da vida".

• Luís Pellegrini

A VIDA

1 ‖ Belo Horizonte, anos de 1930

Não me enquadro em nada que foi escrito a respeito do corpo. Meu trabalho também é assim: não se enquadra em rótulos. Desde o princípio. Eu sempre fui mais intuitivo do que estudioso. A distância e a observação foram os pontos básicos de toda a minha vida. Desde pequeno. Observava a família, como se não pertencesse àquela comunidade. Observei a morte do meu pai e de minha mãe. Não as vivenciei, porque nunca cheguei perto deles. Nem eles de mim. Eu era muito só, o patinho feio, aquele que faz tudo errado. E esse ficar só me deu um conhecimento muito grande das pessoas, eu me afastava para me aproximar. Vivia num mundo que só existia na minha cabeça: queria mais observar do que participar. A brincadeira de ficar horas com os olhos fechados. A comunicação com minha avó, que também observava. Alemã, minha avó era a única pessoa da casa em quem eu sentia força, que me conhecia, sabia de mim. Nela, o primeiro corpo de mulher. O corpo: castigado desde o princípio. Massacrado na escola. O corpo negado em tudo. Só o reino da fantasia, do faz-de-conta. Horas no galinheiro, brincando com as aves. Sabia o nome de todas. Também com os cachorros do pai, caçador. Com os humanos, não: distanciamento, medo. Observações. Horas observando os pés. Os meus e os dos outros. As marcas que deixavam na areia ou no cimento, quando saíam da piscina. O joelho foi o mais difícil: quase sempre o lado escondido das pessoas. As costas, comprimento dos braços, o jeito da cabeça. A expressão, olhos, boca, nariz. As mãos. Abrir a mão para apanhar. Lembrança da dor. A casa: não só grande. Enorme. Sempre fechada. Duas crianças, eu e meu irmão. E quatro irmãs mais velhas, lindíssimas, do primeiro casamento do meu pai. Meu pai era médico: um dos quartos da casa era o laboratório, com um esqueleto e um coração de madeira, que eu adorava abrir e fechar. A casa: dividida como as pessoas que a habitavam. Quartos dos pais, das irmãs. Eu conhecia cada pedaço do assoalho, cada canto das salas e dos quartos. As camas, engraçadas: conversava com cada uma. Menos a grande, de casal. A piscina, cheia, me amedrontava. Mas o quintal era todo meu. A árvore preferida, onde escrevi meu nome, pequeno e escondido, para ninguém roubar. O gosto dos tomates na horta, os verdes e os vermelhos. Em meio a tudo isso, a descoberta do nu. O jardineiro que trabalhava na casa. Às vezes ele tirava a camisa. Só no quintal, no meu mundo. Levei muito tempo só olhando. Um dia cheguei perto e perguntei. A descoberta dos pêlos do corpo: pedi para passar as mãos. Deixou que tocasse. Agora, além das árvores, tinha o corpo do jardineiro para explorar. Pedia para que girasse os braços, levantasse as pernas. Achava engraçado o movimento dos músculos. Excitava-me e dava euforia ao mesmo tempo. Mandava ele correr, pular, fechar os olhos e me procurar. Era o meu primeiro e mais interessante brinquedo. Até o dia em que a empregada viu, contou para os meus pais e meu primeiro aluno foi posto na rua. Antes, outro brinquedo: um ônibus vermelho, cheio de bonecos, colados ao banco com goma arábica e vestidos pelo tricô da avó. Tirava a roupa deles quando estava só. Procurava saber o que havia por baixo. Só a mim não olhava: tomava banho de olhos fechados. Dizia que por causa do sabão. E me cobria com uma toalha cada vez que fazia xixi ou cocô. Se me perguntavam o que seria quando crescesse respondia: "Vou ser papa". Nada de engenheiro, médico, advogado. Papa era uma coisa que pairava acima, uma posição etérea. Com um espaço todo seu. No corpo da avó, com quem dormia, só havia os seios: caídos, feios.

Primeiro corpo de mulher. Um dia, ao entrar de repente no quarto, ela trocava as calças de baixo: achei engraçado e quis pegar nos pêlos. Tapa na mão. O primeiro. O segundo na escola: aos sete anos, procurava retribuir uma brincadeira que uma colega fazia com os dedos na minha coxa. De novo o castigo, o afastamento: era um monstro. Ficar no fundo da sala, sozinho, sem conversar com ninguém. Pela primeira vez, o perigo do corpo. Não tinha corpo: vivia o corpo dos outros. Os gestos do meu pai, da minha mãe, o jeito de andar, de pisar, o movimento das mãos. E me fascinavam os ossos do esqueleto, os encaixes. E um fato inesquecível: meu corpo tornou-se ausente. Só olhava nos olhos quando me dirigiam a palavra. Sem isso, olhar para baixo. Conheci todo o chão de minha casa. E, com muita dificuldade, meu corpo começou a reaparecer: do chão, da base, dos pés. Durante anos, foi a única consciência que eu tive de mim. Na escola, só fazia o que queria: fechava-me em mim. Comecei a ler o que caísse na minha mão. Octávio de Faria, Lúcio Cardoso, as poesias de Vanessa Neto, a musa de Belo

Horizonte naquela época. Ganhando sempre os prêmios de disciplina. Eu me sentia muito próximo a tudo isso: buscava a relação entre os livros e a minha vida. Na *Tragédia burguesa,* de Octávio; na *Crônica da casa assassinada,* de Lúcio. Comecei a me interessar por teatro. A dança nunca foi meu interesse: queria o teatro. Primeiro papel nas peças de escola, sempre: apesar de tudo, não era uma criança tímida. Desde pequeno escrevia textos para teatro, inventava cenários com as cadeiras: os meninos me evitavam, não queriam brincar comigo. Fui ver o espetáculo do balé da *Juventude,* fiquei encantado, era tudo que eu queria na vida: dança, música, teatro. Foi o primeiro espetáculo de dança: direção de Igor Schwezoff. Primeira companhia a dançar pelo Brasil. E importante, porque foi quem veio de fora para dar importância à dança no Brasil. Ele formou seu grupo de dança, com Berta Rosanova e Tamara Capeller, e saíram dançando pelo país afora. Mas o primeiro bailarino da companhia, Carlos Leite, resolve ficar em Belo Horizonte, convidado pelo DCE. Fui lá me matricular: o primeiro. E me decepcionei: o que eu tinha visto no palco não era o que havia na sala de aula. Na minha cabeça não entrava muito bem aquilo. Mas estudava, lia, tinha muita curiosidade. Não tinha livros de dança, a bibliografia sempre muito pequena: não tinha dinheiro, roubava os livros que encontrava. E duvidava: "Não, esse braço não é assim, é assim". Eu queria movimentos que não fossem tão doloridos. Parei tudo para fazer dança: depois de um ano já dava aula e era assistente do Carlos Leite. Mas não estava satisfeito: procurava ligar os pontos obscuros. Assisti a filmes de dança. Descobri que tinha uma deficiência técnica muito grande: uma perna mais comprida que a outra. Mas ninguém sabia disso. As aulas: o professor mostrava o movimento e pedia para os alunos repetirem. Se todos conseguem levantar a perna e você não, você está azarado. E ninguém me explicava o porquê daquilo. Ninguém para explicar por que tinha de levantar a perna assim. Explicações do tipo *porque tem*. Nunca aceitei as coisas ditas dessa forma. E sofri muito com isso. Mas vivia tudo interiormente: não falava. Para aprender um *deboulé* foram anos: porém, um dia o professor resolveu que eu tinha de sair dali sabendo fazer. Acabou minha sapatilha e eu lá. A sola do pé acabou e eu lá. Sofria, enjoava, mas não desistia. Tive uma pneumonia para aprender um passo. Não sabia para que servia aquilo. Ao mesmo tempo, a educação alemã: tinha de aceitar as coisas. E o mundo, lá fora: já convivia com artistas como Guignard, que morava perto da minha casa. Era fascinado por ele, pela modernidade, pelo ser humano que ele era. E Amílcar de Castro, e Ceschiatti. Convivia com essas pessoas. Os desenhos: posava para Guignard. A cada dia inventava uma historinha: "hoje vou ser o orgulhoso". E observava que músculo atuava: a reação muscular a partir de uma idéia. A intenção anterior ao movimento. E Jota Dângelo, João Etienne Filho. Fui levando tudo isso para a dança. Não de uma forma consciente: caoticamente. Mas essa era a minha única forma de descobrir. E Mercier, em Ouro Preto. A relação com as artes plásticas foi muito forte. Mas não me revoltei: placidamente busquei meu espaço, como seguir em frente. O resultado é que não existo. O que existe é o meu trabalho. E minhas aulas não são para meus alunos: são para mim. Sempre tive muito medo de mim, da minha imaginação, das idéias. Mas tenho uma obrigação, um carma: passar esse trabalho adiante.

2 ‖ Balé clássico: uma visão mineira

No final dos anos de 1940 comecei a criar minhas primeiras coreografias, dançadas por mim e por minha amiga Angel, mais tarde companheira e mãe do meu filho. Esses trabalhos eram mostrados no interior mineiro, no Circuito das Águas, em hotéis e cassinos em que o jogo corria livre e havia sempre espaço para espetáculos artísticos.

Como qualquer jovem bailarino, já me considerava o melhor do mundo – um dos melhores, pelo menos –, e essa foi a forma que encontrei para me expor e ao mesmo tempo buscar uma linguagem própria. Eram coisas simples, quase infantis, mas foi por meio desses trabalhos que comecei a descobrir meu espaço.

Essas turnês duraram alguns anos, até que um dia entendi que Minas não tinha mais nada a oferecer: era tempo de seguir adiante. E, na dança clássica brasileira, só existia uma forma de buscar mais conhecimento: ir até a fonte, a russa Maria Olenewa, que vivia em São Paulo.

Carlos Leite – ele próprio ex-aluno de Olenewa – já havia me ensinado o respeito pela dança, um alto nível de exigência comigo mesmo e a lição de paciência: "Com três anos de dança você não sabe nem varrer o palco", advertia.

Apesar disso, as aulas dele não eram exatamente um primor de respeito humano ou artístico: eram brutais, com ensinamentos que chegavam aos alunos por meio de xingamentos e varadas. E qualquer questionamento mais insistente tinha apenas uma resposta: "Isso é segredo profissional".

Em São Paulo, tive aulas com Olenewa durante dois anos, entre 1948 e 1950, conhecendo o lado prático da dança, especialmente o repertório clássico e a relação entre a arte e o mundo. Desde essa época descobri que a técnica clássica é algo muito real e que nada tem de etéreo: o misticismo do balé, se existe, está na sua corporificação.

Olenewa me trouxe não apenas a técnica, mas também a necessidade de sobrevivência – não tive qualquer apoio da família ao optar pela dança – e de reflexão, uma reflexão que tem acompanhado a minha vida artística desde sempre.

Foi essa observação que me levou a descobrir que aprendia mais sobre a dança com as artes plásticas. Passei a visitar museus e a observar a articulação, os músculos, o apoio dos corpos. Descobri Rafael, Da Vinci, Modigliani e, lentamente, comecei a vislumbrar minha própria técnica.

Observei, de início, a posição do dedo anular nas pinturas renascentistas e fiquei fascinado com a relação entre esses desenhos e a postura exigida para as mãos no balé: em ambos os casos, a certeza de que o movimento parte de dentro e não pode, jamais, ser apenas forma.

Vejamos: quando você aperta o dedo anular para dentro sente todo o braço reagir e é por isso que a mão tem essa postura

no balé clássico. O problema é que professores e bailarinos repetem apenas a forma e isso não leva a nada. O processo deveria ser o oposto: a forma surgir como conseqüência do trabalho.

A verdade é que as pessoas no Brasil têm a mania de dizer que o clássico é uma técnica antianatômica, e não é assim: é a coisa mais anatômica que já foi criada na arte ocidental, é a rotação da musculatura no sentido máximo que ela pode atingir.

Desde então descobri também que a preocupação excessiva com a técnica é prejudicial, tão prejudicial quanto ter uma relação afetiva com uma pessoa e não largá-la nunca, não dar espaço, telefonar diariamente, procurar sempre, depender demais: com isso, afogamos a pessoa e matamos a relação.

Hoje, brinco dizendo que "aluno nota dez" é um caso sério, até sete é ótimo, é o limite. Nota dez não funciona: é um obsessivo, quer seguir as regras em detalhe e passa a ter uma relação neurótica com a dança. Não descansa enquanto não aprende determinado passo e não entende que, buscando outros movimentos, fazendo outras coisas – na sala de aula ou na rua –, o passo naturalmente vai surgir, no seu tempo, porque tudo está interligado.

Sempre discordei da forma pela qual a técnica clássica chega aos bailarinos, no Brasil. Não discuto a beleza e a eficiência do clássico – ao contrário, amo o clássico –, mas há alguma coisa que se perdeu na relação entre professor e aluno e que faz da sala de aula um espaço pouco saudável.

A questão é essa: o professor de balé é limitado, em geral frustrado por ser obrigado a parar de dançar cedo e assim incapaz de dar amor, atenção e incentivo aos alunos. O professor deveria ser sempre um artista mais velho, mais sábio, com mais vivência, e que tivesse condições de criar um clima de compreensão na sala de aula.

Uma sala de aula não pode ser esse modelo que vemos, no qual a disciplina tem algo de militar, não se pergunta, não se questiona, não se discute, não se conversa. Com isso, a tradição do balé se perde em repetições de formas, em que todo trabalho é feito aleatoriamente. A começar pela pianista, que toca sem atenção, fumando um cigarro enquanto folheia uma revista ou preocupa-se com questões domésticas.

Essa desatenção passa para o aluno, que, em vez de estar presente e ouvir a música, inicia um processo de auto-hipnose e, em pouco tempo, não está mais na sala de aula: está nas nuvens, no espelho, nas notas do piano, mas não consigo mesmo. A sala de aula, dessa forma, torna-se apenas uma arena para a competição de egos, onde ninguém se interessa por ninguém a não ser como parâmetro para a comparação.

Mas a comparação é perda de tempo: a filha de fulano é engraçadinha, dança com graça, toca pianinho, enquanto a filha de sicrano é tímida, desajeitada, vive caindo. Crescemos todos com essas informações e, depois, descobrimos que a filha de fulano se transformou numa mediocridade, enquanto a outra tornou-se equilibrada e harmônica. Mas, para descobrir isso, é necessária toda uma vida.

A sala de aula massificada tira a individualidade do aluno e, se as pessoas não se conhecem nem possuem individualidade, não há como participar do coletivo: o corpo de baile tem de ser constituído por pessoas completamente diferentes, para que os gestos saiam semelhantes; a intenção é o que importa.

A dança se faz não apenas dançando, mas também pensando e sentindo: dançar é estar inteiro. Não posso ignorar minhas emoções em uma sala de aula, reprimir essas coisas todas que trago dentro de mim. Mas, infelizmente, é o que acontece: os alunos se anestesiam ao entrar em uma sala de aula.

E seria difícil fugir desse sono: para começar, ficam sempre nos mesmos lugares, ouvem sempre a mesma música, o mesmo som diário da voz do professor, que corrige diariamente as mesmas coisas nas mesmíssimas pessoas. Pronto: com cinco minutos de aula todo mundo está em transe, ninguém mais está ali. Se um elefante passar pelo meio da sala ninguém nota.

Mas a verdade é que artista nasce artista; um professor pode, no máximo, levar esse artista até um certo ponto. O professor tira de dentro do aluno o que ele tem para dar. Fico sempre impressionado com a sabedoria popular, que explica bem melhor tudo isso: o que é bom já nasce feito.

Sempre achei isto bonito: ninguém é igual a ninguém, não existe receita para se fazer arte ou dança. O professor deve apenas aviar a receita — como se fazia antigamente —, mas essa receita é pessoal, não serve para todo mundo. Em uma sala de aula é a mesma coisa: o desnivelamento existe, e cada caso é um caso. O ritmo é sempre o mesmo, mas a aptidão é de cada um.

Por isso é que posso assistir vinte vezes ao *Lago dos cisnes* e as vinte montagens serão completamente diferentes, apesar da mesma coreografia. Um coreógrafo, por exemplo, pode usar os gestos sensuais dos personagens, outro, a frieza de Odete, ou a desatenção dela, ou sua maldade. E tudo isso modifica a musculatura, a interpretação dos bailarinos — se eles tiverem individualidade.

Nós, profissionais de dança, somos um pequeno exemplo do que acontece lá fora. As leis da vida são as mesmas leis da dança, não há como fugir disso. A inconsciência é que gera a mediocridade. O bailarino tem os mesmos problemas de um sapateiro.

O resultado da inconsciência é visível nos espetáculos e na formação da mentalidade do bailarino brasileiro: ele não discute, não se interessa pelo sindicato, não luta pela classe, é indivi-

dualista e alienado. E isso é ensinado a ele desde o princípio: não existe indivíduo que faz dança entre nós, o que existe é essa entidade vaga chamada "bailarino".

Mas a técnica clássica não é isso, não exige isso. Por meio do clássico é possível organizar fisicamente as emoções e conhecer o corpo. É uma forma de exprimir harmonicamente essas emoções. Para isso, porém, tenho de estar com os sentidos alertas. Senão minha dança torna-se pura ginástica.

O gesto no balé não deve ser apenas um gesto *do* balé: é um gesto trabalhado por um ser humano, especialista, e que envolve não apenas a memória daquele corpo, mas o corpo de todos os homens. É claro que tudo isso exige técnica e somente o seu aperfeiçoamento vai permitir ao bailarino chegar a essa memória e a essa emoção comum a todos os seres humanos. É milagroso o que o corpo é capaz de fazer quando o deixamos livre após o aprendizado técnico.

Infelizmente, mais uma vez, lembremo-nos de que a realidade é outra: a técnica clássica tem buscado, antes de tudo, o ego do bailarino, do professor, do coreógrafo. E da mãe da bailarina, claro. É preciso desarmar tudo isso, para que cada um possa encontrar o próprio movimento, a forma pessoal. A forma, repito, é conseqüência: são os espaços internos que devem criar o movimento de cada um.

Por outro lado – e contra mim mesmo –, admito que exista algo de sadomasoquista no clássico: essa busca do limite, de tentar vencer as dores físicas, tentar ir sempre além. Talvez apenas as pessoas que de alguma forma se identificam com esse sadomasoquismo tenham condições de praticar a dança clássica. E eu tenho esse componente em excesso.

Entra aí uma questão cultural: o homem não é treinado para ser submisso, como nossa sociedade impõe às mulheres. Por isso reage, não se sujeita a ser xingado, humilhado, diminuído numa sala de aula ou num ensaio. O homem não aceita essa situação, o que talvez explique a quantidade muito maior de mulheres no balé.

3 ‖ O compasso baiano

Em 1959, eu e Angel criamos o Balé Klauss Vianna, em Belo Horizonte, e três anos depois o grupo participou do I Encontro de Escolas de Dança do Brasil, em Curitiba. Levei uma coreografia na qual uma bailarina atravessava o palco vestida de santa barroca. Era uma proposta bem diferente: no festival só tinha cisne, era morte de cisne, solo de cisne, vôo de cisne. Certa manhã meu cenógrafo perdeu a paciência: "O primeiro cisne que eu pegar torço o pescoço".

Esse foi meu primeiro trabalho coreográfico adulto, *A face lívida*. Usei uma modinha imperial cantada pela Maria Lúcia Godoy, e nele eu buscava a síntese de uma visão mineira da dança. Antes de montar o trabalho fomos todos a Ouro Preto, andamos pelas ruas, pisamos descalços nas pedras, entramos nos casarões. O resultado foi um espetáculo com muita gente vaiando, gritando – e uns poucos aplaudindo.

Mas o Rolf Gelewsky viu esse trabalho e ele e Lia Robatto me convidaram para dar aulas na Bahia, na Escola de Dança da

Universidade Federal, em Salvador. Rolf achava que meu trabalho tinha muita afinidade com o que eles buscavam lá.

Rolf era alemão, mal falava o português, mas tinha uma visão do que realmente interessava: a busca de um gestual, uma dança brasileira. Então aceitei: Rolf passou a ser meu vizinho de quarto na pensão e comecei a servir de intérprete para ele.

Mas logo senti a Bahia em mim e me perguntava: como é que não temos aula de capoeira aqui, na Escola de Dança, com toda a qualidade de movimento que ela tem? Então, fui procurar um professor de capoeira para a Escola.

Sugeri ao Rolf que a capoeira fosse matéria curricular, porque tinha sentido que nela existia uma seqüência de movimentos igual à técnica clássica – ou às artes marciais –, porque o corpo humano tem uma coerência muito grande de movimentos em qualquer cultura: o aquecimento na capoeira também começa pelos pés, sobe pelas pernas, pelo tronco, pelos braços, até chegar aos olhos. Os olhos são importantíssimos para um capoeirista.

Meu trabalho seria criar o setor de dança clássica na universidade, mas isso não me bastava. Eu já dava aula descalço, e conheci trabalhos maravilhosos de capoeira, conheci o mestre Gato e foi com ele que aprendi essa técnica. Apesar disso, ele não podia dar aulas na Escola, era pedreiro, morava longe, não tinha nem o curso primário – mas tinha "doutorado" em capoeira.

Lentamente, senti que tudo aquilo poderia ter influência no meu trabalho e, além dos pés descalços, passei a usar os movimentos de tronco, o som, a música ao vivo, conhecer os ossos – não o nome do osso, que não leva a nada –, mas como se movem cada osso e músculo.

Fui procurar um professor de odontologia, Antonio Brochado, que era considerado o maior anatomista da Bahia. Ele tinha uma série de esqueletos no consultório, pelos quais nutria um amor profundo. Tratava cada um por um nome diferente. Ele aceitou meu convite e foi dar aulas de anatomia na Escola de Dança.

Ao mesmo tempo, Brochado era do candomblé e um dia me levou até o terreiro da Mãe Stella. Tive muita dificuldade para entender aquelas coisas. Mas já conhecia Carybé, Genaro, Jorge Amado, todos brancos e pais-de-santo do candomblé, então tinha uma noção mínima daquilo tudo.

Um dia convidaram a mim e a Angel para ver as moças que iam "receber o santo": é uma coisa impressionante, porque elas têm a cabeça raspada e ficam em camarinhas (pequenos quartos trancados) durante seis meses sem conversar ou ver ninguém, sem ter relação sexual nenhuma, comendo apenas aquilo que deixam no quarto.

Com isso, essas meninas acabam conhecendo profundamente o próprio corpo, as reações do corpo. A pessoa mais idiota acaba se conhecendo numa situação dessas. Então, era uma beleza quando abriam a porta e vinha aquela pessoa, era uma coisa iluminada, uma musa, linda. Durava uma noite inteira – e o caminho, o movimento, o ritmo, tudo aquilo me impressionou demais.

Esse era um momento político de muita efervescência no Brasil e a Universidade entrou em greve. Eu e Rolf, sem nada para fazer, sem aulas para dar, resolvemos trabalhar, montar alguma coisa, e fomos para uma sala de aula.

Um dia, estávamos ensaiando quando as moças da Escola de Dança arrombaram a porta a pontapés e disseram que não poderíamos ficar ali, que a universidade estava fechada e que a coisa era para valer.

Levei um susto: elas nos proibiram, simplesmente. No começo, fiquei chocado, irritado, puto. Eu me dizia: "Mas esperem um pouco, sou um bailarino, um artista, não tenho nada que ver com política". Não entendia como é que aquele pessoal, aquelas meninas que faziam aula de dança, podiam agir daquela forma.

Resolvi começar a freqüentar os encontros para entender como era a cabeça desses alunos, como atuavam nesse processo político, e logo descobri que eram pessoas muito inteligentes e interessantes. Fui notando que nos encontros políticos havia uma harmonia entre eles que não existia na sala de aula. Ali existia o amor por uma causa, exatamente o que faltava em relação à dança.

Minha noção de arte e de dança mudou muito a partir daí: não é só dançar, é preciso toda uma relação com o mundo à nossa volta. Não adianta se isolar em uma sala de aula, isso leva a um completo distanciamento da vida, de tudo que acontece no mundo. O ser humano que existe no bailarino precisa estar atento e receber tudo lá fora, nas ruas. É impossível dissociar vida de sala de aula.

Quis fazer uma coreografia que traduzisse essas descobertas todas. Mas não queria nada folclórico, nada dessa coisa de capoeira e candomblé baiano vistos por um mineiro: queria a música de alguém de lá mesmo, mas não conhecido, e traduzir tudo isso em movimentos meus, baseados na minha vivência.

Um dia me levaram um garoto, um compositor jovem e desconhecido que cantou uma série de canções lindíssimas para mim, nas quais ele criticava toda a sociedade baiana. Senti que a música dele tinha esse lado social e político, era uma coisa natural nele. Era o Caetano Veloso.

Depois de um tempo ele disse: "Olha, eu tenho uma irmã que canta" e levou a Maria Bethânia até minha casa. Quando ouvi aquela mulher cantar, num apartamento de frente para o mar, quase caí duro. Descobri que eles faziam música e Bethânia cantava da mesma forma que a gente aprende a andar, como os animais se alimentam, do jeito que a gente aprende a defecar: naturalmente. Bethânia cantava porque precisava cantar, porque era um passarinho; se não cantasse morreria.

Mas a dança é diferente – e só então descobri isso –, a dança é um outro processo: eles gostavam muito de mim, mostravam-me suas músicas, mas isso não era suficiente para que abandonassem a liberdade que o baiano tem, nem tinham como encarar a disciplina que a dança exige.

Levei um longo tempo para entender que não repudiavam a mim, mas ao processo técnico da dança, a essa forma distante, a essa didática mal-resolvida. Aí reside a riqueza dessa vivência: a Bahia me abriu as portas para o exterior, porque até então eu vivia apenas o meu interior.

Fiquei por lá dois anos, até 1964, quando chegou a hora de partir mais uma vez: a universidade não tinha verba, o país estava um caos, eu não tinha mais cabeça para criar nada. Ao mesmo tempo, sabia que não havia mais como voltar para Minas, o que me fez ir para o Rio, sem emprego e sem casa onde morar.

Lá consegui sobreviver dando aulas de dança clássica em escolas de bairro – de certa forma, uma volta à vida mineira – e só anos depois, em 1968, surgiu a oportunidade de me aproximar do teatro.

A única pessoa que fazia coreografias para teatro, no Rio de Janeiro – na verdade eram "dancinhas", pois os atores não tinham a menor noção de dança, naquela época – era a Sandra Dickens. Um dia, ela me perguntou se eu não gostaria de fazer uma coreografia no lugar dela em um espetáculo de teatro, porque estava de viagem marcada para a Alemanha.

Aceitei, e isso mudou a minha vida: o espetáculo era *A ópera dos três vinténs*, de Bertolt Brecht e Kurt Weill, com direção de José

A DANÇA

Renato e atores como Dulcina, Marília Pêra e Oswaldo Loureiro, e até um ator em começo de carreira, José Wilker. Esse trabalho inaugurou a Sala Cecília Meirelles, no Rio de Janeiro, em 1967.

Era muito comum acontecerem coisas assim, um diretor de teatro imaginar uma movimentação em um espetáculo e chamar alguém ligado à dança para criar alguma coisa. Mas era sempre essa "dancinha" e foi nesse sentido que aceitei o trabalho.

Mas não fiquei nisso e, outra vez, quis ir mais longe. É claro que os atores não tinham a linguagem da dança: por isso fiz algumas marcações e o resultado foi tão diferente do comum que, pela primeira vez, um crítico de teatro – Yan Michalsky, do *Jornal do Brasil* – chamou a atenção do público para a existência de um trabalho corporal em um espetáculo de teatro.

O resultado foi que, no ano seguinte, José Celso Martinez Correa e Flávio Império me chamaram para fazer *Roda viva,* de Chico Buarque de Hollanda. Participei do espetáculo desde os primeiros testes – tudo isso enquanto sobrevivia dando aulas em escolas e clubes – e a cada vez ouvindo o José Celso: "Vai, experimenta mais, faz mais, bota mais dança". E a cada ensaio propunha mais movimentação para os atores.

Essa foi uma época de envolvimento total com o teatro e os atores, tanto que meu trabalho seguinte foi a primeira montagem de *Navalha na carne,* de Plínio Marcos, com direção de Fauzi Arap, com Tonia Carrero, Nelson Xavier e Emiliano Queiroz, também em 1969, em que dirigi o que começavam a chamar de "expressão corporal".

Tudo isso era de uma riqueza enorme, porque meu trabalho com os atores modificava minhas aulas com os bailarinos no dia seguinte. Ao mesmo tempo, essas aulas influenciavam a coreografia que faria para o teatro, mais tarde. O teatro, à noite, modificava a dança, de dia. E tudo se juntava numa coisa só.

Desde então olho para a arte sem preconceitos. Acho uma ignorância atroz o preconceito contra formas artísticas e infelizmente a ignorância não tem solução. É ridículo pensar que a dança só se faz a partir de cinco posições ou que só é válida a dança que nasceu na Europa.

E, no entanto, é o que a gente vê até hoje: coreógrafos que vêm da Europa montar coreografias estranhas ao nosso bailarino, trabalhos que culturalmente não têm nada que ver com a formação artística e técnica desse bailarino. Então, o que acontece? Os bailarinos não sabem e não podem interpretar bem aqueles movimentos e acabam fazendo apenas a forma, sem nada de interior. E isso não é dança: é ginástica.

Por isso insisto que não me importa, hoje – e tudo no meu trabalho parte da minha vivência –, qual a idade, o tipo de musculatura, a altura ou o peso do bailarino: o que me importa é a *cabeça*. Não tenho qualquer idealização em um nível físico sobre o bailarino ou a bailarina com quem quero trabalhar. Quero só que tenha uma boa *cabeça*. Porque, ainda que difícil, é possível modificar um corpo. Mas mudar a mentalidade de um adulto é um trabalho quase impossível.

Desde essa época, no Rio, descobri que sou um professor – filósofo da dança, como digo sempre, brincando –, nem mais nem menos do que isso. Mas nunca me coloquei na posição de um professor distante, superior. O professor é um parteiro, ele tira do aluno o que este tem para dar. Se o aluno não tem nada, não sai nada. Mas é preciso sempre ter cuidado: é claro que o aborto existe. Muitos professores matam o artista na sala de aula.

4 | As pequenas mortes

Em um desses clubes nos quais eu dava aula, no Rio, havia uma pianista que também tocava na Escola Municipal de Bailados. Ela me perguntou se eu queria trabalhar lá, mas eu tinha um certo medo, me assustava essa coisa de trabalhar em uma escola oficial. Aceitei, mas pedi para ensinar só crianças.

Então, em 1968, comecei a trabalhar na escola e logo descobri uma realidade nova: os professores não conversavam entre si, não discutiam nada sobre a dança. Conversavam sobre qualquer coisa, menos sobre a dança e os problemas de uma sala de aula. Faltava uma filosofia de trabalho, uma unidade.

Ao mesmo tempo, notava a arquitetura do prédio da escola: era uma coisa antiga, com uma escadaria enorme, escura. Para mim, havia toda uma relação entre aquela arquitetura e a mentalidade que vivia lá dentro. É preciso sempre notar isso, a relação entre a dança e o espaço onde se faz essa dança.

E descobri as mães: mãe de bailarina é uma instituição na dança. Sempre na portaria, esperando a filha, típica na maneira de vestir, de sorrir, de cumprimentar os professores. Veste-se sempre com as melhores roupas, como se fosse sair dali para o palco.

Peguei exatamente a turma infantil – os professores não gostavam muito dessa aula – e, aos poucos, o trabalho foi dando origem a uma relação profunda entre mim e as crianças. Bastava dar um estímulo e pronto, elas reagiam, criavam, brincavam, riam.

Uma vez por mês eu propunha que os pais assistissem às aulas com os filhos, para que vissem a espontaneidade das crianças. Mas logo descobri que aquele convite era contraproducente: as crianças tornavam-se inibidas e ficava claro que aquela relação afetuosa e companheira da sala de aula não existia em casa. Dessa forma, em pouco tempo desisti dos convites aos pais.

Mas não desisti das aulas: fiquei com um mesmo grupo de meninas dos oito aos treze, quatorze anos, e a proposta foi sempre uma aula lúdica. Falava do corpo, das funções dos ossos, brincávamos de roda, pedia para que elas dançassem o que gostavam de dançar nas festas, lia histórias.

Acreditava, nessa época, que é assim que se estimula um ser criativo. Não adianta colocar uma criança de sete anos em um Royal Ballet: este é um método desenvolvido para menininha inglesa, que tem perna comprida e bunda fina, enquanto a brasileira tem perna curta e bunda grande. Essas meninas, coitadas, têm de se adaptar a um método que não serve para elas. O pior é que tudo vira moda no Brasil, em pouco tempo: dá *status* ter um diploma do Royal Ballet. Como ter pingüim em cima da geladeira.

Naquela mesma época comecei a fazer teatro profissionalmente, como coreógrafo e, mais tarde, ator – em *Hoje é dia de rock*, de José Vicente – e não deixava nunca de levar essas experiências teatrais para minhas pequenas alunas, na Escola de Bailados.

|A DANÇA|

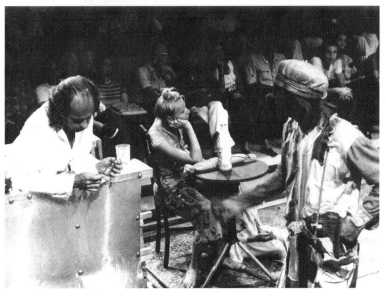

Aquele era um momento de grande repressão e medo. Qualquer grupo de três pessoas que entrasse na escola fazia a gente ficar horrorizado: era o tempo da perseguição ao teatro, aos atores, ao pensamento. Mais do que nunca entendi a diferença entre dança e teatro, a diferença entre ator e bailarino.

Nunca houve nenhuma censura ao balé no Brasil – a não ser no caso ridículo da transmissão, pela tevê, do espetáculo do Bolshói★. Era como se a dança brasileira não fosse feita aqui: era uma coisa estranha, não fazia parte do país. Essa foi a fase em que acreditei não ter mais nada que ver com a dança, em não voltar mais a trabalhar com bailarinos.

Minha vida passou a ser só isso: dança de manhã e à tarde, teatro à noite. E muito cigarro e uísque. Em 1972, ganhei o Molière de Teatro e me dei um enfarte. Era como se não aceitasse o prêmio, como se me dissesse: ninguém tem o direito de me premiar.

Depois disso passei a conviver com esse problema cardíaco, mas em pouco tempo estava de volta à rotina. Dois anos depois, minha turma de alunas da Escola de Bailados se formou e me chamou para ser o paraninfo.

Sempre pensei que algumas coisas eu jamais faria em minha vida, e uma delas era ser paraninfo. Ainda assim, aceitei e descobri uma lenda oriental que tem tudo que ver com minha proposta técnica de dança e de postura diante da arte.

Não fiz, então, um discurso de paraninfo. Apenas contei a lenda: "O imperador amarelo viajou para o Norte, além do lago Vermelho, e na montanha do país do inverno ele olhou para

---

★ Em 1973, o governo brasileiro vetou a exibição do espetáculo Romeu e Julieta, que completava 100 anos de existência. A peça seria exibida ao vivo pela TV Globo. O então ministro da Justiça, Armando Falcão, justificou o ato dizendo que se tratava de um espetáculo de comunistas.

A DANÇA

o sul. Ao voltar da viagem perdeu sua pérola mágica. Então o imperador enviou Clara-visão para encontrar a pérola. Mas ela não achou. Enviou Força-pensamento, mas ela também não achou. Finalmente, enviou Sem-intenção. Este encontrou. Procurar a pérola sem-intenção é a chave do mistério".

Com minha turma formada, em 1974, afastei-me da Escola de Bailados. Yan Michalsky me propôs fazer críticas de dança para o *Jornal do Brasil* e eu aceitei. Como introdução ao trabalho, republiquei trechos de um artigo que havia escrito anos antes, o primeiro ensaio sobre dança publicado na imprensa brasileira.

Escrever sobre dança, em princípio, não é um grande problema: tenho um certo instinto crítico, negativista, destrutivo mesmo, e sempre senti muito mais força nesse lado do que em uma tendência criativa. Tenho umas loucuras do gênero pôr fogo em museu ou matar pessoas em pensamento, e essas fantasias eram mais fortes do que as idéias de montar um espetáculo, abrir um centro cultural.

Um dia fui assistir a um grupo do Rio de Janeiro, dirigido pela Dalal Achcar. Era uma montagem da *Suíte quebra-nozes*. Essa suíte é apresentada no mundo inteiro durante o inverno, com frio, mas o espetáculo foi montado na praça Tiradentes, no Rio, no verão, com as menininhas todas vestidas de veludo.

Logicamente, não podia ser grande coisa. E escrevi o que pensava na minha crítica. Mas parece que a mãe da Dalal – sempre as mães das bailarinas – era uma pessoa muito influente no Rio. Só sei que perdi meu emprego no jornal. Coisa que não me fez mais triste. Nem mais alegre.

Nessa mesma época, outra lição serviu para o desenvolvimento do meu trabalho: Rudolf Nureyev e Margot Fonteyn vieram ao Brasil pela primeira vez e fui assistir à aula deles, no Teatro Municipal do Rio.

Eles começaram lentamente, tiraram o sapato e deslizaram os pés no chão, sentindo o contato com o solo, sentindo a relação com o solo, com aquele espaço em que iam dançar. Era quase uma cerimônia, lenta e cuidadosa.

Só depois colocaram as sapatilhas e iniciaram um *pliê* bem lento. O corpo de baile, enquanto isso, já estava saltitante e pronto para entrar em cena.

Confirmou-se, para mim, a importância da relação com o tempo, o tempo interior, um tempo que só artistas como Margot e Nureyev têm, ou atrizes como Fernanda Montenegro e Marília Pêra. Confirmou-se também que as aulas de clássico são rápidas demais, superficiais demais, e professores e bailarinos querem resultados em pouco tempo.

O problema é que não se pode dar saltos em arte. Existe o dia, a noite, a semana, o mês, o ano, você não tem como suprimir o tempo. Não posso pular uma noite, não posso ir contra a natureza, a natureza do meu corpo. Não posso lutar contra algo que é muito maior do que eu.

O aprendizado exige um tempo e esse tempo precisa ser consciente. É claro, no entanto, que existem as individualidades – e o professor existe para reconhecê-las –, e esse tempo varia em cada um. A conclusão é a seguinte: o que você aprende rápido vai embora rápido.

Existe aos montes no Brasil gente que faz 58 piruetas, ou 32 *fuetés*, mas faltam aqueles que dançam, que ouvem a música, que colocam intenções nos gestos, que têm um tempo e uma emoção internos.

Deixei a Escola de Bailados do Teatro Municipal e parti para outra pesquisa, mais próxima dos meus interesses no teatro e na dança: o gestual do homem carioca, patrocinada pela Funarte. Queria estudar as características desses gestos, como é que a população do Rio se move.

Descobri um dado interessante: a divisão entre norte e sul no Rio não é só uma questão de túnel, de ter ou não ter praia. As crianças da zona Sul têm as pernas mais longas, as da zona Norte têm o tronco mais desenvolvido. As mulheres das favelas ainda têm o pescoço mais longo, a cabeça mais ereta – talvez por levarem a lata d'água na cabeça. Essa pesquisa durou todo o ano de 1975, mas nunca me preocupei em publicar nada: incorporei, consciente ou inconscientemente, tudo que descobri durante esse trabalho.

Nesse mesmo ano, passei a dirigir a Martins Pena, escola oficial de teatro do Rio de Janeiro. Essa foi uma experiência riquíssima, porque pude colocar em prática tudo aquilo que estava sonhando, uma abordagem didática das artes cênicas.

Minha primeira providência foi abolir o vestibular, um teste tão complicado e exigente que, segundo minha visão, o aluno que conseguisse passar não precisava mais estudar: era um ator completo, estava formado em teatro. Pelo menos no teatro acadêmico.

Minha proposta era um curso livre, no qual os interessados teriam as primeiras respostas para suas indagações a respeito do teatro, em um nível físico, sobre o espaço, a história, a acústica, a interpretação. Partia, assim, do mesmo princípio que me encaminhou na dança: a arte é, antes de tudo, um gesto de vida.

Na Martins Pena enfrentei também a questão do talento, dessa coisa vaga a que chamamos talento e que não sei bem explicar o que é. Talento talvez seja uma capacidade nata, um *estar aberto para*, e nada mais que isso.

Hoje acredito que é melhor trabalhar com gente talentosa e tentar desestruturar inclusive esses talentosos porque eles,

A DANÇA

mais do que ninguém, têm um conceito do trabalho a que se propõem. Perdi muito tempo com gente sem talento, mas hoje me é impossível trabalhar com essas pessoas.

Preciso de pessoas que estejam abertas, já num determinado ponto do seu autoconhecimento artístico: assim elas ouvem aquilo que você propõe e isso faz que se movam. De qualquer forma, nunca me assustei com os artistas talentosos. Tanto que trabalhei com alguns dos melhores atores, atrizes, bailarinos e bailarinas do país.

Fiquei na Martins Pena até 1978 e logo passei para o Inearte –, Instituto Estadual das Escolas de Arte do Rio de Janeiro –, onde também fiquei por dois anos, até a mudança de governo. Aliás, a arte no Brasil está sempre tendo seu caminho interrompido pelas mudanças políticas.

Em 1977, dirigi inteiramente meu primeiro espetáculo de teatro: *O exercício,* de Lewis John Carlino, com Marília Pêra e Gracindo Júnior, no Rio, com o qual ganhei o Prêmio Mambembe (dessa vez não me deu um enfarte). Marília levou todos os prêmios como atriz.

Mas essa minha relação com o teatro também é complexa: fiz vários espetáculos, mas só dirigi dois, sendo que, entre 1977 e 1989, só participei deste O *exercício* e de *Mão na luva* (1984), ambos com muito sucesso de crítica e de público.

Não que eu não quisesse trabalhar com teatro ou que tivesse abandonado o palco: eu é que fui abandonado. Ou melhor: é quase uma postura minha, uma premissa que coloquei para mim. Não busco nada, não bato na porta de diretor ou produtor nenhum. Se não me chamarem, acabo não fazendo nada. Mas é claro que, no fundo, quero trabalhar com espetáculos.

Para mim ficou claro que, no teatro, na montagem de um trabalho, as coisas são bem mais objetivas, sei melhor o que

quero. Na aula de dança sou mais um mágico, um prestidigitador, e tenho um caminho próprio. Tanto que nunca fui assistente de coreógrafo, nunca participei da montagem de uma coreografia. Meu processo na dança é muito particular, baseado em minhas vivências.

No final dos anos de 1970, descobri que estava mais uma vez insatisfeito: era um administrador no Inearte, não havia tempo para criar nada. E nessa hora me deu um desânimo total, comecei a fugir das pessoas e dos compromissos, bebia demais.

Então, de repente, fugi de tudo: do Rio, do casamento, do emprego, das responsabilidades. Fiz todos os rompimentos que achava necessários naquela hora. Fugi para São Paulo, sem qualquer perspectiva de trabalho, sem projetos, sem casa, sem nada.

5 ‖ O eterno recomeço

A mudança para São Paulo tinha um fator profissional, porque eu já dera um curso na academia do Ivaldo Bertazzo e tinha certa afinidade com a cidade. Ao mesmo tempo, estava sem muita saída no Rio, a dança praticamente não existia mais. Juntando tudo isso com as circunstâncias pessoais e afetivas, minha ida para São Paulo foi um pouco de fuga e de busca – como parece ser em todos os casos.

O início, como sempre, foi complicado em termos de sobrevivência, mas a Lala Doheinzelin me propôs dar aulas na academia dela e aos poucos fui me entendendo com a cidade. Descobri, por exemplo, que São Paulo é mais solta do que o Rio de Janeiro. O Rio tem uma coisa de superfície, de aparência, de beleza externa que dá pouco espaço para relações mais profundas.

Ao mesmo tempo, eu já era mais ou menos conhecido no mundo da dança e do teatro em São Paulo, havia ganhado o prêmio de melhor coreógrafo pela montagem carioca de *O arqui-*

teto e o imperador da Assíria, em 1970, prêmio concedido pela APCA, Associação Paulista de Críticos de Arte. Ninguém me avisou, aliás, desse prêmio: eu só soube dele doze anos depois, quando me mudei para São Paulo.

Em 1981, Lala e seu grupo montaram *Clara Crocodilo* com base nas músicas de Arrigo Barnabé e, desde então, surgiu uma relação muito afetuosa entre nós. Sempre nos comprometemos a criar um espetáculo juntos, mas esse trabalho não sai. E talvez não saia nunca.

Naquele mesmo ano, Mário Chamie — então secretário de Cultura da cidade de São Paulo — me chamou para dirigir a Escola de Bailados do Teatro Municipal. Mais uma vez lá ia eu trabalhar com o Estado. Dessa vez substituindo Addy Addor, que brigara com professores, mães e pais por causa de interferências de todo gênero em seu trabalho.

É curioso notar que sou sempre lembrado nessas horas, quando a bomba já explodiu, quando os problemas já chegaram a um ponto muito avançado. Aí o Klauss é lembrado, para colocar um pouco de ordem. Entrei e logo na primeira reunião senti o que enfrentaria: a escola paulista não era nem parecida com a carioca. Era pior, muito pior.

Por mais que a Escola de Bailados do Rio tivesse seus ranços (os professores davam aulas para o grupo profissional), havia uma ligação mínima entre os dois grupos — a Escola e o Corpo de Baile —, coisa que não existia em absoluto em São Paulo. Para começar, o prédio da Escola de Bailados paulistana ficava separado dos outros grupos, em um local horrível, debaixo do viaduto do Chá.

Os professores, por outro lado, não mostravam interesse em modificar nada, em aprender nada. Mais do que nunca, ali senti que os cursos oficiais de balé não levam a nada. As Escolas de Bailados podem e devem fechar porque é impossível aprender alguma coisa sobre dança em suas aulas.

Esses cursos geralmente são entregues a pessoas que até têm um certo talento, mas que não conseguem fazer nada de criativo devido ao currículo, aos programas que não podem ser alterados. Os professores são todos formados por uma técnica e uma visão antigas da arte e estão lá esperando a aposentadoria. Uma aposentadoria, como se sabe, ridícula.

Por tudo isso, não há qualquer interesse por parte dos professores em modificar seja o que for, e não falo aqui especificamente da Escola de Bailados de São Paulo ou da do Rio, que conheci bem. Acredito que esse seja um fenômeno de toda escola oficial de dança no Brasil.

Reafirmo que essas escolas são inúteis porque seus quadros são formados por professores que têm uma mentalidade antiga, ultrapassada, uma visão conservadora da arte. E são exatamente essas pessoas que formam crianças e jovens, que saem dessas escolas já inteiramente malformados e desinformados em relação à dança.

Em vez de escolas oficiais de dança, deveriam ser criados centros de reciclagem para quem quisesse ser professor, para que estes pudessem acompanhar melhor o que existe de mais moderno na didática ou na técnica da dança.

Basta lembrar que todo aluno de Escola de Bailados, se tiver dinheiro, estuda também em escolas particulares, porque só o ensino da escola oficial não basta. Em São Paulo, por exemplo, era a mesma aula o ano inteiro, a aula que o professor dá no primeiro dia é exatamente a mesma do último dia. Não são mais artistas, portanto: são funcionários públicos da dança.

As dificuldades são absurdas. Os professores ou estão prestes a aposentar-se, encerrar a carreira, ou não se aposentam porque não têm mais nada para fazer. Ao mesmo tempo, estão acostumados com as mudanças de direção nas escolas, com diretores que entram cheios de projetos nunca realizados.

Assim, você propõe idéias e planos durante as reuniões e aparentemente eles até aceitam, sequer discutem suas propostas. Mas, ao sair dali, simplesmente ignoram o que você disse e tudo continua na mesma.

Uma escola nesses moldes mata a criatividade, a individualidade de qualquer artista ou bailarino. Na Escola de Bailados de São Paulo, o aluno só ia para o palco depois de oito anos de aulas — e a dança só se aprende no palco.

Eram 1.200 alunas, a partir dos sete anos, todas elas menininhas acostumadas a sonhar com a dança, com a Márcia, com a Margot, com a Ana Botafogo, e de repente entram numa sala de aula e são obrigadas a agarrar um pedaço de pau, abrir as perninhas e ficar lá, horas e horas, anos e anos, repetindo exercícios em silêncio, sem qualquer explicação sobre a relação entre tudo isso e a dança com que elas sonham.

Eu quis modificar essas aulas e propus que as crianças tivessem apenas duas aulas de clássico por semana e uma aula de dança criativa — brincadeiras, dança não-clássica, jogos — semanal, e isso seria suficiente. Queria, antes de tudo, mostrar que a dança não é só o clássico e que essas crianças deviam ter espaço para se descobrir.

Tentando modificar a mentalidade vigente, levei pessoas para conversar com os professores e pedi sempre para que não deixassem as crianças sem resposta em seus questionamentos sobre a dança. É preciso explicar a uma criança por que se inicia uma aula na barra, qual a função disso.

Eu lembrava que a criança é curiosa e precisa saber qual é a motivação que está por trás de cada gesto e movimento de uma aula. Se o professor corta, proíbe essa curiosidade, fecha ao mesmo tempo uma série de músculos internos que fazem parte do ser infantil. E esses músculos ficarão adormecidos a partir daí.

Então, por que começar uma aula segurando uma barra? Porque quando começo a andar eu seguro a mão da minha mãe, do meu pai. Por que os pés abertos? Porque com os pés abertos encontro melhor o meu equilíbrio.

É preciso responder a essas curiosidades, a essas ansiedades, a esses questionamentos, porque as respostas vão ampliando a curiosidade e é essa curiosidade que move o mundo, que move o artista, que move a criança. Se você não tem mais dúvidas, então só tem uma saída: parar. E o mais trágico é descobrir que os professores não dão espaço para essas perguntas dos alunos por dois motivos: autoritarismo e ignorância. Eles também não sabem as respostas.

Eu insistia que não queria programas de cursos – todo mundo sempre tem programas a propor –, mas sim que as crianças não ficassem sem respostas, tivessem consciência do que faziam. Levei Ruth Rachou e Célia Gouveia para dar aulas de dança moderna, porque até aquele momento nunca havia sido dada uma só aula de moderno na Escola de Bailado; quase oito décadas depois do seu surgimento, a dança moderna ainda não tinha conseguido entrar ali. Era como se não existisse: os professores e as direções anteriores eram contra. Para eles, o que não é clássico não serve.

Propus que os alunos passassem a fazer espetáculos a partir do terceiro ano de aulas e as reações também foram contrárias: os professores não queriam coreografar, não tinha teatro, diziam que não ia ter público, não tinha iluminador.

Então, milagrosamente, os próprios alunos tomaram aquele trabalho nas mãos e montaram tudo: coreografavam, convida-

A DANÇA

vam alguém que soubesse coisas primárias sobre iluminação, os que tinham talento para a coisa criavam a cenografia.

Consegui os teatros da Prefeitura durante o dia e as salas lotavam. Está certo que só com as mães e a família, mas durante algum tempo esses espetáculos foram realizados em São Paulo. Até minha saída da Escola de Bailados, em 1982.

Antes disso, abri a escola para a comunidade, para aqueles que não tinham condições de fazer aulas durante o dia. No curso noturno vi-me diante de uma novidade: duzentos rapazes procuraram a entidade.

Tive de dar aula eu mesmo – os professores não queriam trabalhar fora do horário nem eram obrigados a isso, é claro – e chamei o João de Bruçó, percussionista, que dava a esse grupo um pouco mais de sensibilidade para a música e mostrava a relação entre os movimentos e os sons.

Foi esse curso noturno, aliás, que gerou a maior agressão que já sofri: quando o prefeito Jânio Quadros proibiu a entrada de homossexuais na escola, em 1987, dei uma entrevista dizendo que aquilo era autoritário. À noite, ao voltar para casa, fui agredido violentamente e mais uma vez acabei no hospital. Mas pouco se falou sobre isso. O Brasil está acostumado com a própria intolerância. Perseguir minorias, aqui, faz parte da regra do jogo.

Saí da Escola de Bailados para subir a rampa: fui para o Teatro Municipal dirigir o balé. Era, mais uma vez, o mesmo problema. Luís Arrieta, o diretor do grupo, estava brigado e resolveu sair. Então, o Chamie voltou a me chamar para tentar apaziguar os ânimos.

Esse ia ser um novo desafio, – eu nunca dirigira um grupo de dança oficial, mas pensei que provavelmente não teria outra chance de passar por uma experiência dessas. E fui. No primeiro dia, entro na sala e encontro dezenas de bailarinos sentados no chão, me olhando, como se dissessem "O que é que você está fazendo aqui, se não gosta do clássico?"

Sentei-me no chão também e disse o que pensava da dança, do clássico, da arte, o que pretendia fazer e pedi a eles um tempo, um mês, para ver se começávamos a nos gostar. Porque podia ser, disse, que eu também não gostasse deles.

Nessa época, o Balé do Municipal de São Paulo já tinha mudado todo o repertório, já dançava trabalhos modernos e belos, mas a mentalidade dos bailarinos ainda era a mesma. Tinham personalidade, mas não em um nível pessoal. É claro que os trabalhos de palco modificam um pouco a postura pessoal, mas ainda existia um ranço antigo, de profissionais que não discutiam, não expunham suas opiniões.

Para começar, o diretor artístico da companhia não conversava com os bailarinos: existia uma tabela, um pedaço de papel colado na parede, e ali os profissionais ficavam sabendo das decisões diariamente. Os bailarinos apenas liam e obedeciam ao que havia sido estipulado.

A primeira coisa que fiz foi abandonar a tal tabela. E propus que brincássemos um pouco, tentei tirar aquele conceito de que a dança tem de ser séria e o diretor, uma pessoa ranzinza. Aos poucos, implantei no grupo essa liberalização, propus um companheirismo maior entre eles. Só depois é que sugeri uma aula de ponta.

Pedi a Joana Lopes que desse aulas de teatro, de interpretação, e os bailarinos começaram a perceber que a dança não é só essa coisa artificial e impostada. A dança – como toda arte – tem elementos internos, subjetivos, pessoais.

Chamei J. C. Violla para montar um espetáculo, *Valsa das vinte veias*. Queria iniciar a gestão com um trabalho novo, com um coreógrafo que nunca havia trabalhado com eles e um tipo de movimento que nunca haviam feito. Violla trouxe Naum Alves de Souza e Patrício Bisso, e a convivência com esses artistas foi, naturalmente, modificando a mentalidade dos bailarinos.

Mas havia coisas que se repetiam, apesar de ultrapassadas: o assistente de coreógrafo, por exemplo, ficava na platéia durante os ensaios e anotava quando alguém levantava as pernas assim ou assado, quando estava com o braço errado. E eu disse: "Não, isso não me interessa. Quero que exista emoção e intenção nos gestos. Não me importa a forma".

Mostrei a eles que Oscar Arais tinha montado uma coreografia lindíssima tempos antes, um trabalho que começava com o tornozelo girando, passava para o joelho, para o quadril, para o tronco e terminava em um xale que fazia uma série de movimentos redondos que, no fim, geravam novos movimentos.

E o que foi que aconteceu? Eles se preocuparam em saber se o quadril atrasou, se o braço levantou na altura certa, e em três semanas a coreografia não tinha mais nada que ver com o que o Arais tinha proposto: tudo se transformou em pura forma.

Tentei mostrar que quando levanto o braço fora de hora não é porque estou errado na contagem: é minha emoção que está mal colocada, é minha intenção que está travada. Posso fazer contagens diárias da música na coreografia, mas isso não vai fazer de mim um bom bailarino. Não adianta insistir: quanto mais você insiste, mais perde sua espontaneidade, sua individualidade, e um artista é, antes de tudo, um indivíduo.

Quando um macaco pega uma banana, por mais primário e simples que seja o gesto, há nele uma forma ditada pelo desejo, pela vontade, pela necessidade: ele *sabe*, digamos assim, por que está fazendo aquilo, para que está se movendo em direção à banana.

Então, ou eu consigo fazer uma relação entre a minha técnica de dança e a vida cotidiana ou alguma coisa está muito errada com essa técnica. Aí, não há como duvidar: não é a vida que está enganada.

Eu tinha visto um espetáculo da Mara Borba – *Certas mulheres*, com Sônia Mota, Suzana Yamauchi e a própria Mara –, e propus que o trabalho fosse remontado. Pela primeira vez uma bailarina dançou com os seios nus no Balé do Municipal, e isso causou todo tipo de briga. Mas esses eram elementos novos que se incorporavam ao grupo e ao trabalho.

Ainda assim, era pouco: pedi ao grupo que lesse os jornais diários, pedi que a Secretaria da Cultura mandasse livros sobre história da arte para os bailarinos. A gente discutia sempre essa tendência que o bailarino tem de viver em uma redoma de vidro. Eu fazia questão, nessa primeira fase, que eles fossem seres humanos, e não apenas bailarinos.

Quando a coisa começou a tomar um certo rumo, vi que seria bom colocar sangue novo no grupo. Eu era totalmente favorável àquela gente toda que fazia dança fora do Municipal, fora de um grupo oficial, gente como Sônia Mota, Denilto Gomes, Suzana Yamauchi, Mara Borba, Ismael Ivo, João Maurício, Mazé Crescente, gente talentosa que trabalhava sozinha e sem espaço para ensaiar.

E me perguntava: o que aconteceria com essa gente toda lá no Municipal? Minha idéia era dar a eles a possibilidade de espaço e material para que criassem e mostrassem seu talento. Dessa forma, criei o Grupo Experimental, primeiro do gênero em toda a história de grupos oficiais no país.

Montamos o *Bolero*, de Ravel, com Emilie Chamie organizando tudo e Lia Robatto coreografando. Ou melhor: eram os bailarinos que propunham os movimentos e a Lia dizia "Isso serve, isso não serve". Ela analisava cada movimento e fazia as ligações. Pela primeira vez aquele grupo tinha liberdade para improvisar, para errar, para experimentar. O resultado foi um espetáculo belíssimo, um sucesso total. Acabei ganhando mais um prêmio da APCA, como diretor artístico do melhor espetáculo de dança do ano.

Depois veio *A dama das camélias,* último trabalho sob a gestão de Chamie na Secretaria. A idéia do José Posse Neto era maravilhosa, a leitura era linda, mas a execução foi um horror. O motivo principal foi a falta de um coreógrafo central, que reunisse o trabalho de cada integrante. Ficou uma coisa sem nexo, sem ligação, descosturada. Um desastre total.

Aí houve a mudança de governo, e o crítico Fábio Magalhães passou a ser o responsável pelo Balé do Teatro Municipal. Recebi recados dando conta de que ele gostaria que eu continuasse dirigindo o grupo, mas que devia modificar a linha dos trabalhos, que os espetáculos estavam experimentais demais e que o grupo devia dançar como o balé do Municipal do Rio.

Claro, fui até ele e disse que o trabalho que se fazia no Rio é um tipo de dança que não sei fazer, não gosto de fazer e não faria. A solução, simples, era a minha saída da direção do grupo. Aí, no entanto, aconteceu uma coisa extraordinária: os bailarinos se revoltaram, foram aos jornais, publicaram manifestos exigindo minha permanência.

Como bom sargento, o crítico de arte — e representante de um governo que se dizia liberal — Fábio Magalhães respondeu dizendo que quem decidia aquele assunto era a Secretaria, que os bailarinos estavam sendo insubordinados e que não deveriam dar entrevistas sem seu consentimento.

A coisa começou a se arrastar em discussões intermináveis e vi que minha presença passou a atrapalhar o trabalho do grupo. Pedi demissão. Antes, no entanto, publiquei um comunicado ao público, explicando o que estava ocorrendo. Partes desse comunicado estão aqui:

Estamos num momento de crise. Mas o que é uma crise e o que isso tem a ver com o projeto que estamos propondo? Somos bailarinos e, portanto, nada melhor para expressar nosso ponto de vista do que o movimento.

Em todo processo de mudança, de evolução, existe um momento crítico e instável, como no caminhar: no momento em que estamos dando um passo à frente e nos encontramos com um pé no chão e outro no ar corremos o risco de desequilíbrio e da queda. É a crise — mas é também somente através desse risco que podemos alcançar nosso objetivo.

E qual é a transformação que está ocorrendo? Mudanças políticas, democracia, abertura, integração. A nós, artistas, cabe captar esse momento histórico e expressá-lo dentro de nossa linguagem, com isso contribuindo na expansão desses ideais.

O Balé da Cidade de São Paulo não foge à regra, seu trabalho foi sempre precursor de novas tendências. São Paulo é o pólo cultural do país e esta polaridade vem justamente do fato de ser o estado que, por razões políticas e econômicas, mais se transforma e, portanto, gera e propõe o novo. A companhia oficial de dança tem o compromisso de catalisar e representar o espírito dessa cidade.

O momento é de democracia, de poder optar e opinar. O momento é de abertura, de poder ampliar o campo de atuação dos bailarinos, de abrir nossas portas para a comunidade que nos sustenta e ir até ela, levando a dança para espaços que ainda não foram utilizados, para os bairros, as escolas, as praças, para o interior. O momento é de abertura de novas idéias e linguagens.

Saí e fui para o Centro Cultural. Haviam aberto uma sala para oficinas de pesquisa e fui trabalhar com Fauzi Arap em um projeto sobre musicais. Mas também isso durou pouco: o governo logo mudou — e cada governo, no Brasil, toma posse da cultura e impõe novos projetos e pessoas – e eu tive de sair. Foi ótimo: aprendi que não dá para trabalhar com arte oficial e jurei que nunca mais entro nessa.

Voltei ao teatro em 1984, depois de sete anos, participando da montagem de *Mão na luva,* de Oduvaldo Vianna Filho, com Marco Nanini e Juliana Carneiro da Cunha e direção de Aderbal Júnior. Aderbal é uma pessoa muito aberta e, quando viu minha aula, resolveu montar o espetáculo como se fosse um *pas-de-dex,* como uma coreografia com palavras.

Anos depois, em 1987, montei, enfim, um trabalho de dança, depois de décadas como professor e pesquisador: *Dã-dá corpo,* um espetáculo com apenas três bailarinos – meus alunos há anos –, um percussionista-ator, um pianista, um grupo de percussão e um coral.

O espetáculo buscava um pouco da minha visão agora paulistana do que seja o ser humano, essa visão a partir da megalópole, desse monstro que é São Paulo – uma cidade-monstro onde, talvez exatamente por isso, as relações entre as pessoas são mais profundas, mais sinceras.

Dã-dá corpo buscava isso: a dança, para mim, não é apenas espetáculo. Ali coloquei minhas ansiedades e questionamentos, depois de quarenta anos de reflexão e de trabalho. Mas a pretensão também não era pouca: quis colocar em um espetáculo uma forma de expressão viva e singular, que pudesse transcender a sala de aula e ganhar os palcos, as ruas, a vida.

6 ‖ Estar no mundo

Movido por minhas curiosidades e insatisfações, procurei referências e informações em tudo que, para mim, se caracterizasse como uma pesquisa séria e honesta em relação à dança, ao teatro, ao corpo. Lógico que, nessa busca, certas influências vieram de tudo que me sensibilizou profundamente. Mas nunca me afastei das minhas intuições.

Essa busca não acabou, no entanto. Continua viva, à medida que sinto necessidade de novas respostas. Assim como me detive em detalhes do nosso corpo, de nossa capacidade expressiva, assim como meu aprendizado vem ocorrendo como um jogo de encaixes – com a incessante união de uma nova peça ao todo infinito –, acredito que o conteúdo deste livro também surgirá como um amontoado de idéias e questões que têm, no fundo, uma essência comum.

Por tudo isso sei que este trabalho não está pronto nem ficará pronto nunca: são observações, reflexões, sensações que se modificam e ampliam-se no dia-a-dia, na sala de aula, no meu encontro comigo mesmo. Às vezes me perguntam como é que se chama essa técnica e confesso que não sei. Eu apenas quero lançar a semente. Uma vez soltas em terra generosa, essas sementes provocarão reações. Algumas dessas sementes estão nas próximas páginas.

Quero esclarecer que, ao contrário do que muita gente pensa, meu trabalho não é uma terapia nem serve para tal. É certo que são maiores as possibilidades de resolvermos nossos problemas à medida que conseguimos formulá-los. Contudo, esse processo, quando aplicado somente ao corpo, é insuficiente. O trabalho corporal tem uma dimensão terapêutica na medida em que toma o corpo como referência direta de nossa existência mais profunda. Porém, meu trabalho não tem o poder nem a pretensão de resolver tensões crônicas que nos acompanham vida afora.

É difícil vivenciar com intensidade nossas emoções e sentimentos mais profundos. Por vezes, esse enfrentamento assume a conotação de um risco, que nem todos estamos dispostos a correr. Acostumados a introjetar a ordem à nossa volta, habituamo-nos a não olhar, não ouvir, não sentir intensamente e desprezar a importância dos fatos e acontecimentos menores, quase imperceptíveis – embora fundamentais. Quando trabalhamos o corpo é que percebemos melhor esses pequenos espaços internos, que passam a se manifestar por meio da dilatação. Só então esses espaços respiram.

Os espaços correspondem às diversas articulações do corpo, no qual é possível localizar fluxos energéticos importantes e no qual se inserem os vários grupos musculares. Em sentido mais amplo, a idéia de espaço corporal está intimamente ligada à idéia de respiração – que, ao contrário do que pensamos, não

A DANÇA

se resume à entrada e à saída do ar pelo nariz. Na verdade, o corpo não respira apenas através dos pulmões. Em linguagem corporal, fechar, calcificar e endurecer são sinônimos de asfixia, degeneração, esterilidade. Respirar, ao contrário, significa abrir, dar espaço. Portanto, subtrair os espaços corporais é o mesmo que impedir a respiração, bloqueando o ritmo livre e natural dos movimentos. Imagem muito forte de nossa emoção, a respiração representa nossa troca com o mundo. Há dias em que estamos mais emocionados, mais tristes, ou alegres, ou ansiosos, ou eufóricos, e toda nossa respiração se modifica. A respiração abre espaço para percebermos musculaturas mais profundas que, simbolicamente, chamaremos de musculaturas da emoção. O primeiro passo em direção a uma maior harmonia interna é deixar o ar penetrar fundo em nosso corpo.

Quando um ator ou bailarino se expressa mal, mais do que uma limitação técnica, o que falta a esses intérpretes é ritmo universal. Bloquear ou não saber lidar com a respiração, com a expansão e o recolhimento que conduzem o ritmo interno só contribui para criar couraças no corpo. Pessoas de corpo inexpressivo estão privadas de oxigenação. A partir do momento em que bloqueamos ou dificultamos nossa respiração interna, começamos a matar nossa sensibilidade, a intuição, todo o corpo. Quando podamos a expressividade de nosso corpo, impedindo que respire, estamos cortando nosso cordão umbilical com o mundo.

Quando o som penetra em nossos ouvidos — falo do som harmônico, musical, do som ideal para uma sala de aula — surge uma reação interna: esse som tem uma vibração e, ao captá-lo, nosso corpo gera movimento. É um princípio ingovernável que podemos aprender a domesticar.

Isadora Duncan trabalhou os cinco sentidos: usava a emoção que existe no fato de olhar o mar, caminhar descalço, ouvir os sons do cotidiano. Ela não era indiferente ao mundo em que vivia. Existe uma musculatura da emoção e os bailarinos, os atores e todos os seres humanos precisam conscientizar-se dela. Por que os animais na floresta não precisam de ginástica? Pegue um bicho desses e coloque entre quatro paredes: em três meses estará gordo, flácido, perdendo pêlos e doente. O mesmo acontece conosco se perdemos nossos impulsos, se deixamos nossos sentidos amortecidos, ignorando o mundo que nos cerca.

Sempre digo em minhas aulas que é preciso dar espaço, um espaço novo em mim para que surjam coisas novas. Diz a lenda que um sábio ocidental foi visitar um mestre oriental e quis saber o que ainda teria a aprender. O oriental, então, pegou uma xícara de chá e começou a encher, encher, encher, e disse: "Você já chegou com a xícara cheia. Que mais posso oferecer?" É isso: precisamos esvaziar a xícara.

A observação e o questionamento são importantes em todo lugar, em toda a vida – inclusive em uma sala de aula de dança. É preciso observar a pessoa que está a seu lado na sala, descobrir por que ela é simpática ou antipática e notar quais as musculaturas que regem essa simpatia ou antipatia. Por isso, peço sempre que os alunos trabalhem cada dia perto de uma pessoa diferente, para sentir que existe essa coisa que não sabemos exatamente o que é e que vagamente chamamos energia.

O primeiro apoio, o apoio básico que todos temos, é o solo. Mas mesmo em uma sala de aula de dança a relação com esse apoio é mínima. Às vezes as pessoas estão deitadas no chão e parecem levitar: é muito difícil o contato, a entrega, a confiança. Algumas partes do corpo entregam-se às pessoas e aos objetos, mas outras não.

Quando uma técnica artística não tem um sentido utilitário, se não me amadurece nem me faz crescer, se não me livra de todos os falsos conceitos que me são jogados desde a infância, se não facilita meu caminho em direção ao autoconhecimento, então não faço arte, mas apenas um arremedo de arte. Não sou um bailarino, mas um mímico, o pior tipo de mímico. Conheço apenas a forma, que é fria, estática e repetitiva, e nunca me aventuro na grande viagem do movimento, que é vida e sempre tenta nos tirar do ciclo neurótico da repetição.

Se a dança torna-se adulta em mim, se levantar o braço é um processo que conheço intimamente, que conheço como meu, posso então criar um gesto maduro, individual. À medida que trabalhamos, é preciso buscar a origem, a essência, a história dos gestos – fugindo da repetição mecânica de formas vazias e pré-fabricadas. Só assim o trabalho resultará em uma criação original, em uma técnica que é meio e não fim, pois a técnica só tem utilidade quando se transforma em uma segunda natureza do artista.

Se o bailarino não se trabalha como ser humano, como pessoa, se não tem amadurecimento para enfrentar situações mais difíceis, sua arte será deficitária. É assim também na aula: é preciso que eu vivencie muitas e muitas vezes um movimento. Não adianta entendê-lo, racionalizar cada gesto – é preciso repetir e repetir, porque é nessa repetição, consciente e sensível, que o gesto amadurece e passa a ser meu. A partir daí temos a capacidade de criar movimentos próprios e cheios de individualidade e beleza.

A dança moderna propõe, em primeiro lugar, o conhecimento de si e o autodomínio. Minha proposta é essa: por meio do conhecimento e do autodomínio chego à forma, à minha forma – e não o contrário. É uma inversão que muda toda a estética, toda a razão do movimento. A técnica na dança tem apenas uma finalidade: preparar o corpo para responder à exigência do espírito artístico.

Dizem que vivemos na era do corpo, da preocupação com a chamada expressão corporal, mas afirmo que nunca vivemos uma ausência tão grande do corpo: a preocupação com o físico tornou-se outra droga, outra forma de fuga e alienação – em vez de álcool, maconha ou cocaína as pessoas se drogam nas aulas.

Quando dirigi o Balé do Teatro Municipal de São Paulo mandei colocar uma cortina sobre o espelho da sala de aula. Em alguns dias trabalhávamos em frente ao espelho, em outros ficávamos sem ele. A proposta era mudar a direção da posição de cada bailarino na sala. Isso torna a aula viva e, assim, entram em ação musculaturas diferentes do corpo. A obrigatoriedade da observação me faz mais vivo, me faz ouvir mais, me faz olhar com atenção, faz que eu reflita e tenha informações diferentes sobre meu corpo.

Todo gesto tem três fases: sustentação, resistência e projeção. Qualquer gesto destituído de uma dessas fases perde sua intenção. Quando dizemos que fulano tem um movimento claro é porque fulano tem um trabalho bem-feito em seus gestos, sua musculatura traz o sentido comum a essas três fases. Por exemplo: primeiro você pensa em viajar, sustenta essa idéia, depois resiste – ainda que temporariamente – e só então a executa. É uma característica exclusivamente humana essa necessidade de tempo. Na dança é a mesma coisa. Mas é lógico que a pessoa não precisa decompor dessa forma cada gesto no palco.

É preciso muita flexibilidade mental para dançar. Acho que o treinamento do bailarino deve começar pela cabeça, senão nunca se chegará a lugar algum. Pina Bausch diz que escolhe as pessoas com quem vai trabalhar não pela técnica que exibem, mas pelo que pensam. Ela convive com as pessoas dois, três dias, e só então as escolhe – ou não. A técnica, hoje em dia, todo mundo aprende. Mas a técnica não é nada sem as idéias, a personalidade do bailarino.

Toda a deformação da dança, no Brasil, começa no ensino. Quando eu estava na Escola de Bailados, em São Paulo, expliquei aos professores que a criança é um ser muito sensível, um ser humano em formação, que é preciso incentivar a curiosidade, as perguntas, o interesse pelas aulas, responder às dúvidas, ter cuidado com o tom de voz, explicar, explicar sempre. Ainda assim, vi professoras massacrando as alunas, repetindo palavras de ordem como "Relaxa, relaxa, relaxa" e dizendo que foi o diretor quem mandou. Na Bahia, eu dizia aos professores que a nota dada aos alunos destinava-se, no fundo, a eles próprios, professores. Se a pessoa foi até ali para aprender, se quer descobrir a técnica da dança e o professor não tem competência para se comunicar, o problema não é do aluno: é o professor quem precisa se resolver. A nota que todo professor dá a um aluno é um reflexo de si mesmo.

Todas as ansiedades, questionamentos e dúvidas têm origem e resposta em mim e isso determina minha postura diante do mundo exterior. Aplicada a uma aula de dança, essa verdade toma vulto e as mesmas relações que existem no dia-a-dia afloram. Por isso não concordo com os que dizem que, ao entrar numa sala de aula, é preciso deixar os problemas lá fora. Impossível, pois minhas angústias e tensões estão presentes em meu corpo, em meus gestos. Durante a aula é impossível camuflar, esconder o que sinto, o que trago do cotidiano. Em vez de reprimir esses sentimentos é possível trabalhá-los, dimensionando-os de forma mais equilibrada. É fundamental trabalhar com essa consciência.

A repetição dos movimentos em uma sala de aula leva – ou deveria levar – à observação de nossas dificuldades. Nossas articulações funcionam como alavancas que conduzem nossos movimentos. Se faço um movimento e coloco a tensão em um ponto que não é o ideal, meu corpo faz uma compensação de forças. Somente a consciência do gesto me fará levar essa tensão para o ponto certo.

O que é uma técnica? Para mim, além de estética, a técnica precisa ter um sentido utilitário, claro e objetivo. De que me adianta saber fazer movimentos belos e complexos se isso não me amadurece nem me faz crescer? Se não me faz abandonar os falsos conceitos competitivos da dança e da arte, de que me adianta essa técnica? Um dos requisitos básicos de um movimento é que ele seja claro e objetivo – a beleza surge daí. Toda verdade é forte e bela. A arte não é gratuita: se não aprendo com ela, se não cresço com ela, é o mesmo que não fazer nada. Como bailarino, preciso colocar minha personalidade a serviço da dança e de cada personagem que faço. É ridículo ouvir pessoas dizendo, no final de um espetáculo: "Puxa, como ela levanta alto a perna!" ou "Como ele salta, que beleza!" O próprio público é conservador e busca o que existe de mais fácil na arte. Mas eu não diria que o papel do artista e o do bailarino é realçar esse lado conservador do público.

A dança deve ser abordada com base na sensibilidade, na verdade de cada um. O mesmo processo deve dirigir a construção dos personagens clássicos, para que se tornem clássicos e não acadêmicos. A chama de criatividade que leva à individualidade de cada artista, seu questionamento próprio – que é a mola propulsora da vida, da arte e de todo o conhecimento – é que devem dar o contorno desses personagens.

O coreógrafo que chega com uma música qualquer e começa contando um, dois, três, quatro, que não tem um trabalho de composição, nunca estudou nem ouviu música, não sabe o que está por trás daquela música, não sabe o que é ritmo, o que é desenho de composição, o que é direção no espaço, que usa a música de uma forma arbitrária – Chopin, Villa-Lobos ou Stravinski de uma mesma maneira, como se fossem compositores de uma mesma época e de uma única visão estética – nada acrescenta ao conhecimento e ao vocabulário artístico do bailarino.

Em geral, mantemos o corpo adormecido. Somos criados dentro de certos padrões e ficamos acomodados naquilo. Por isso digo que é preciso desestruturar o corpo; sem essa desestruturação não surge nada de novo. Desestruturar significa, por exemplo, pegar um executivo ou uma grã-fina, desses que buscam as academias de dança e, colocando-os descalços na sala de aula, fazer que dêem cambalhotas. Esse é o caminho para a desestruturação física, que dá espaço para que o corpo acorde e surja o novo. No fundo, é uma mudança de ritmo: se vou todos os dias pelo mesmo caminho, não olho para mais nada, não presto atenção em mim ou no ambiente. Mas se penetro numa rua desconhecida, começo a perceber as janelas, os buracos no chão, despertando para as pessoas que passam, os odores, os sons. Se o corpo não estiver acordado é impossível aprender seja o que for.

A primeira coisa que um professor precisa fazer é dar um corpo ao aluno. Mas como é possível dar um corpo a alguém? Todos sabemos que o corpo existe, mas sabemos intelectualmente. Só nos lembramos dele quando surge algum problema, alguma dor, uma febre. Para acordar esse corpo é preciso desestruturar, fazer que a pessoa sinta e descubra a existência desse corpo. Somente aí é possível criar um código pessoal, não mais aquele código que me deram quando nasci e que venho repetindo desde então.

O que proponho é devolver o corpo às pessoas. Para isso, peço que elas trabalhem cada articulação, mostrando que cada uma tem uma função e essa função precisa de espaço para trabalhar. Da mesma forma, também a musculatura precisa de espaço: ela se relaciona com os ossos, existe uma troca constante entre essa musculatura e os ossos. Tudo no corpo, na vida, na arte, é uma troca.

O que posso dar às pessoas são informações para que criem sua dança honestamente, com técnicas que sejam convincentes para elas mesmas. Isso faz surgir um estilo pessoal, por mais semelhantes que essas pessoas sejam entre si. Isso é o que entendo por contemporâneo, moderno em dança. O que busco é dar espaço para as individualidades: posso ter um estilo meu e isso não será prejudicado quando estiver dançando em grupo.

Na dança e em toda arte vivemos em função da forma, da aparência, da negação da essência. Vivemos o império da forma.

A dança é uma arte que exige muito, é preciso ter uma cultura pelo menos mediana, conhecer um pouco da história da dança, das artes plásticas, para poder saber o desenrolar das coisas durante esses séculos. Se você olha para a capoeira, descobre uma seqüência semelhante à do balé porque em ambos existe uma cadência natural de movimentos: ao movimento tal corresponde um outro. Eu não posso quebrar esse ritmo, essa linha; o fluxo e o desenho dos gestos existem naturalmente. Não posso ir contra essa seqüência, a não ser *propositalmente* — mas mesmo para isso preciso conhecer a dança, a história da dança: não posso modificar a língua inglesa sem conhecer profundamente essa língua. Existem regras na arte e não posso ir contra elas sem que as conheça.

A energia do cosmo é uma espiral e essa energia se repete no corpo humano. Quando é interrompida, ou quando não temos consciência de sua existência, os movimentos tornam-se aleatórios e perdemos nossa individualidade. Então, quando uma técnica faz que as pessoas prendam o joelho, apertem a bunda e estufem o peito, sem saber o motivo disso, sem respeitar a individualidade de cada um, o corpo deixa de se relacionar com o ambiente, com o universo, com sua própria natureza. Não posso inventar, fabricar movimentos a partir do nada, porque tudo tem um sentido muito profundo, tudo tem uma razão maior.

Não podemos ficar longe desse circuito energético que é a relação entre microcosmo e macrocosmo.

Um bailarino se torna coreógrafo, no Brasil, por obra e graça do Divino Espírito Santo. Não existe quem ensine, não existe aula de composição; enfim, essas coisas primárias que uma coreografia exige, que são a não-violentação da música, do espaço, dos planos. Todo esse processo tem regras e limites. Por isso a dificuldade de encontrar bons coreógrafos: em geral, eles chegam à coreografia sem vivenciar a dança, sem conhecer detalhes básicos. E, no entanto, propõem-se a começar coreografando trabalhos ultramodernos. Mas que não são ultramodernos coisa alguma: têm formas que se pretendem modernas, mas uma concepção ultrapassada e antiga.

O espaço é uma coisa limitada e, paradoxalmente, sem limites. Como tudo na vida. Ao dançar, não podemos perder de vista esta noção: somos o centro do espaço que nos cerca e nele existimos como indivíduos, como pessoas, como seres humanos, estabelecendo nossa relação com o mundo.

O ritmo do universo é composto de expansão e recolhimento. Somos, também, expansão e recolhimento, cada célula é expansão e recolhimento. Temos todos um ritmo comum e universal, e cada artista, ator ou bailarino precisa atuar respeitando esse ritmo. Por isso nos sentimos tão mal quando assistimos a um espetáculo no qual um artista trabalha fora desse ritmo. Essa expansão e esse recolhimento têm harmonia e são capazes de criar um movimento-resposta dentro de mim. Não posso lutar contra isso, porque senão estarei indo contra a natureza, que tem de ser entendida e respeitada.

O único lugar em que sinto que houve modificações em mim e no meu trabalho é na sala de aula, porque tudo o que acontece comigo modifica a minha aula, a minha maneira de encarar um exercício. São elementos que encontro nas ruas, na vida e que, inconscientemente, levo para a sala de aula. Por isso meus terapeutas dizem sempre que eu não teria como viver se não fossem minhas aulas. É lá que me limpo, me exponho, me descubro. São minhas dificuldades que coloco na sala de aula.

Em um processo de aprendizado é necessário reconhecer e localizar a musculatura, sentir como ela trabalha, quais os movimentos que pode gerar, as diversas intenções que pode transmitir, seu encurtamento, seu alongamento. Fico semanas atento a isso em meu corpo. Para mim, esse questionamento é uma necessidade pessoal. Não consigo estipular coisas do gênero "Hoje vou dar aula sobre a perna esquerda", "Amanhã sobre a importância dos olhos". Sem seguir um programa convencional de aulas, mas me guiando pela minha necessidade de respostas, acho que consigo revelar caminhos aos alunos, para que cada um busque as próprias verdades de seu corpo.

A dança é um ato de prazer, de vida, e só deixa de ser prazerosa e viva no momento em que passa a ser ginástica, exercício, competição de força e de ego. Uma aula não pode excluir a emoção: é preciso incorporá-la. Então sou *eu*, com minha percepção, meus conhecimentos, vivências e emoções quem vai escolher o lugar na sala, quem vai levantar o braço, quem vai rodopiar – não é minha perna que vai subir porque o professor mandou.

Os movimentos surgem das emoções particulares de cada um e transformam-se em arte quando encontram uma linguagem universal, já que o ser humano tem uma essência comum.

A energia brinca no meu corpo e quando faço um movimento que joga essa energia para fora há um retorno que vem em forma de espiral: é a pirueta, o giro, tão presentes nas coreografias clássicas. A dança não é um ato aleatório, que você cria de qualquer forma, a partir do nada: a dança tem conceitos rígidos – mesmo Isadora Duncan tinha conceitos estabelecidos, por mais livres que fossem suas propostas. Ela não fez o que bem entendeu; quis ser coerente com a natureza e com o corpo humano.

Para dominar uma técnica é preciso incorporá-la inteiramente: só assim o movimento flui com naturalidade e o bailarino dança como respira. Então, já não há mais preocupação em seguir uma técnica. Por isso, costumo dizer a meus alunos: eu não danço; eu sou a dança. É o que gostaria que todo bailarino sentisse.

É preciso jogar com os opostos também em nosso corpo. Para conhecer o exato grau de relaxamento de um músculo é preciso antes ter experimentado a tensão. Para conhecer a importância do espaço entre as articulações é preciso ter sofrido com a falta de espaço. Só depois de nos sentirmos presos saboreamos o exato sabor da liberdade.

Temos de criar espaço para as alternâncias. Uma idéia de elevação não é transmitida somente, por exemplo, pela elevação contínua dos braços. Essa idéia pode conter um jogo de opostos – posso conduzir meus braços (assim como as pernas, o tronco) também para baixo, sem deixar de transmitir a idéia de elevação (porque a queda também faz parte da elevação, uma não existe sem a outra). Na ida de um gesto está contida também a vinda: é o que chamo de intenção e contra-intenção muscular.

Proponho a meus alunos que cada um encontre a própria forma de dançar, que cada um incorpore meus ensinamentos e os expresse como quiser, como puder. Cada um deve usar sua musculatura dentro de um processo próprio, seguindo uma estrutura de movimentos proposta por mim, mas cuja utilização é pessoal.

O balé clássico nunca esteve desligado do mundo em volta: nasceu em uma sociedade decadente e sustentou a corte francesa durante algum tempo porque se fazia dança para que os nobres se esquecessem dos problemas políticos. Hoje é impossível estabelecer uma única técnica contemporânea, porque não existe mais uma única visão do mundo. Por que o clássico, o moderno, o jazz, o neoclássico? Porque temos necessidade de várias respostas, várias saídas. Não podemos aceitar técnicas prontas, porque na verdade as técnicas de dança nunca estão prontas: têm uma forma, mas no seu interior há espaço para o movimento único, para as contribuições individuais, que mudam com o tempo. Essas técnicas continuarão existindo enquanto existir a dança, enquanto existirem bailarinos. Taglioni e Pavlova não reconheceriam o balé clássico que se dança hoje em dia – que, na essência, é o mesmo balé clássico de outros tempos. O balé clássico não é dessa ou daquela forma: ele está em movimento e continuará existindo enquanto fizer parte do mundo em que vivemos. A evolução está em todo lugar e a dança não escapa dessa lei.

7 | Pela criação de um balé nacional*

Um grande movimento renovador tem-se realizado ultimamente no teatro brasileiro, abrangendo todos os setores: direção, interpretação, escolha de argumentos, decoração etc. Grupos de amadores e de universitários empreendem realizações tão arrojadas que há poucos anos dir-se-ia impossível colocá-las em prática. Há platéia compensadora para todos esses empreendimentos e os lucros colhidos atestam a segurança da iniciativa.

Não podemos considerar a existência de um teatro brasileiro propriamente dito, mas é de esperar que dentro de pouco tempo venhamos a tê-lo: as novas agremiações profissionais ou de amadores que se multiplicam, as escolas que se fundam, o aparecimento recente de uma crítica nacional esclarecida e as

---

* Em 1956, pela primeira vez no país, publiquei um artigo na imprensa, no qual fiz uma análise da situação da dança brasileira. Mais de três décadas depois, os problemas e a mentalidade que denunciei continuavam praticamente os mesmos. Este artigo foi publicado originalmente em *O Globo*, em Belo Horizonte, e alguns trechos foram republicados no *Jornal do Brasil*, em 1975.

peças de valor que alguns de nossos autores têm produzido, tudo isso virá certamente ter como fim o aparecimento do teatro brasileiro, com características próprias.

Entretanto, se atentarmos para um outro setor da arte cênica, o balé, notaremos que a situação é diferente: aí impera uma desorganização quase completa e a desagregação do trabalho conseguido. Há falta de platéia para o balé? Não. Algumas iniciativas, como a do balé da *Juventude,* de Igor Schwezoff, demonstraram cabalmente a existência de um grande público para essa arte, ou seja, a mesma platéia do nosso teatro chamado "de elite".

Parece mais seguro, pois, que essa deficiência tenha origem no nosso próprio balé, ou seja, na falta de originalidade e de qualidade íntimas. Essa situação contrasta, entretanto, chocantemente, com a das escolas de dança. Mestres de valor como Schwezoff, Veltchek, Olenewa e, atualmente, Carlos Leite e Madeleine Rosay, possuem escolas repletas de alunos de ambos os sexos, animados por um ideal e pela ambição profissional. Entretanto, se alguns coreógrafos de renome internacional lograram formar entre nós uma geração de bailarinos – alguns deles dotados de um talento excepcional – essa mesma geração se ressente da falta de um cunho de originalidade; isso porque procura seguir, passo a passo, os modelos russos ou franceses, podendo-se dizer o mesmo dos coreógrafos nacionais.

O que pretendem, assim? Motivos europeus, *décors* franceses e coreografias russas eternamente para a platéia nacional? Se assim é, pode-se alegar que as companhias estrangeiras que nos têm visitado podem desincumbir-se dessa tarefa com mais eficiência. Por outro lado, esses jovens artistas brasileiros terminam por abandonar a carreira por causa da dificuldade de vencer no próprio ambiente ou para se engajarem em companhias estrangeiras. Alguns poucos dedicam-se então, ao ensino de uma geração mais jovem, transmitindo exatamente aquilo que receberam dos seus mestres estrangeiros, e é possível prever que essa geração mais jovem esteja, dentro em pouco, na mesma situação da que a precedeu.

E até quando isso? Até perceberem que já é tempo de orientarem seus esforços na criação de um bailado brasileiro. A grandeza do balé russo deve-se à assimilação do caráter regional russo. É realmente um balé russo baseado na técnica acadêmica, assim como o balé italiano é italiano e o francês é realmente francês, enquanto o nosso balé não será russo e muito menos brasileiro.

O bailado dramático no Brasil está, pois, fadado ao desaparecimento completo ou à subsistência medíocre, a não ser que uma volta brusca no leme que o dirige leve-o para as águas regionais. Na verdade, não se pode negar que já foram realizados números de balé com elementos brasileiros, tais como *Yara* ou *Uirapuru*. Entretanto, não tiveram a repercussão desejada e não parecem frutos de uma tendência, de uma idéia que tenda a generalizar-se, a fundar escolas, a traçar novos rumos.

Apresentam-se mais como incidentes sem repercussão. Quanto à dança estilizada brasileira, tal como vem sendo apresentada por alguns bailarinos especializados, não oferece recursos dramáticos ou de expressão. Sua técnica mostra-se muito pobre, e, para suprir essa deficiência, são empregados recursos antiartísticos – e, portanto, nocivos – que impedem a esse gênero alcançar um desenvolvimento formal refinado e artístico propriamente dito, relegando-o, ao contrário, ao campo da subarte.

O balé brasileiro, para alcançar o seu grau de expressão máxima, deve ser baseado na técnica acadêmica. E aqui convém que seja desfeito um mal-entendido usual entre nós: errado é o conceito assaz generalizado de que o bailado clássico esteja subjugado a uma técnica antiquada e já sobrepujada hoje em dia pelas experiências de Isadora Duncan, Ida Rubinstein, Maria Wigman, Harold Kreutsberg, Martha Graham e Kurt Jooss.

A técnica que serve à dança clássica vem se desenvolvendo desde o final do século XV, data da criação do bailado acadêmico italiano, até os nossos dias. Pode-se mesmo dizer que quase todas as possibilidades dançantes do corpo humano foram levadas em conta por seus mestres e estudadas detalhadamente durante todo esse longo período. As cinco posições fundamentais do balé clássico e todas as suas inumeráveis derivadas formaram o meio técnico mais longamente pesquisado, um verdadeiro alfabeto de linguagem dançante.

Erradamente considera-se "clássica" toda dança baseada na técnica acadêmica. Essa forma de julgar é resultado de uma superestimação de valores, pois advém de tomar-se como meio de identificação exclusivamente o elemento técnico e não o conteúdo subjetivo de um balé. Um *Bacanal* ou um *Colóquio sentimental*, já apresentados entre nós, são tão modernos em suas características e na sua essência como a *Mesa verde*, de Kurt Jooss, ou *O penitente*, de Martha Graham.

Assim como na pintura: os pincéis, a paleta, a tinta, as cores e sua combinação são os meios usados de Da Vinci a Picasso para a fixação da obra de arte pictórica. Assim também no bailado artístico as cinco posições e suas derivadas são os instrumentos mais aperfeiçoados até hoje para a sua fixação.

Qualquer reforma no bailado necessita partir do próprio bailado, levando-se em consideração seu desenvolvimento até então. Em sua revolta, Isadora Duncan desprezou o elemento técnico do bailado clássico, mas seu movimento não visava a modificá-lo e sim a ignorá-lo totalmente, eliminá-lo, e o resultado dessa atitude foi que sua técnica improvisada e pobre não pôde perdurar como meio altamente elevado de expressão.

Hoje, a crítica especializada, representada por altos valores como Arnold Haskell, André Levinson ou Serge Lifar, é acorde no pronunciamento de que o sucesso de Isadora Duncan não passou de um êxito pessoal, embora lhe seja irrestritamente reconhecido o valor da iniciativa como agente modificador da diretriz espiritual do bailado dito clássico.

O movimento Duncan, embora pretensamente baseado na dança grega, não se ligava realmente à tradição do bailado e, portanto, foi reduzido a um movimento marginal, do ponto de vista da contribuição técnica. Foi "externo" quando, para ser duradouro, deveria ter partido de dentro para outra direção qualquer. Esse fato deixou bem claro que qualquer reforma técnica do balé só poderá ser baseada no ecletismo e não na ignorância total dos princípios acadêmicos. Mostrou-nos também que cinco séculos de pesquisas não podem ser desprezados nem substituídos por uma improvisação que, embora genial, após o calor da repercussão como novidade virá mostrar fatalmente extrema indigência.

É claro que essa consideração não pode ser estendida ao movimento "idéia", à inovação do que há de subjetivo no balé, pois há aí uma unidade absoluta, e toda a iniciativa revolucionária pode vir a mostrar-se como força capaz de conseguir seu objetivo. Foi o que aconteceu com a influência salutar que sofreu o balé clássico, tocado pela diretriz expressionista do movimento Duncan. Entretanto — e deve ser sublinhado novamente — para servir no terreno das idéias, é necessária a modificação técnica do balé, faz-se mister executar uma verdadeira modificação, ou seja, a reforma técnica partindo dessa mesma técnica, levando-a em consideração.

Assim tem acontecido durante toda a história da pintura e é de presumir que ocorra em todo terreno artístico. Para a criação do bailado artístico de caráter brasileiro seria necessário o estabelecimento de bases na técnica acadêmica, ou seja, aquela que se encontra hoje elevada ao grau mais avançado.

Pode-se deduzir, pois, que a única tradição russa do bailado era – a exemplo do que ocorre no Brasil – a dança popular, sem a qual a forma técnica poderia, no máximo, ter-se desenvolvido paralelamente à francesa ou à italiana, isentando-a do caráter marcante que a distingue. A contribuição da cultura regional está hoje legitimada como fator imprescindível na criação da obra-de-arte original de um povo. É o único elemento que lhe pode emprestar realmente um caráter próprio, que a fará distinguir-se aos olhos do mundo por uma estranha beleza e poesia, reveladas com grande força e originalidade. Para ser entendida universalmente, é necessário que a obra-de-arte seja sincera, e tal sinceridade somente é conseguida quando surge de todos os elementos culturais que contribuíram para a formação do artista.

Ora, além dos valores culturais estrangeiros assimilados pelo artista, assim mesmo sob a refração regional, existem outros puramente regionais – de ordem psicológica ou ambiente – que são os participantes mais profundos dessa formação.

Isso é sabido, e é por essa razão que o artista, embora possa sentir a seu modo a obra-de-arte estrangeira, não poderá enquadrar a própria criação nos moldes espirituais que originaram aquela. Quando assim pretende fazer, não consegue senão enfraquecer o seu ímpeto inicial, pela distorção que se verifica, empobrecendo a obra e tornando-a um meio-termo sem originalidade e sem expressão.

Tanto isso é verdade, e já amplamente aceita, que mesmo na nossa literatura ou nas nossas artes os únicos valores universais são aqueles que não se afastaram da inspiração regional; antes aceitaram-na como elemento participante da própria personalidade e, por meio dela, obtiveram uma forma de expressão mais aperfeiçoada e mais bela, como no caso de Machado de Assis, Euclides da Cunha, Portinari, Villa-Lobos ou Mignone.

Levando isso em consideração no terreno da dança, é apresentada a nós, em primeiro lugar, a natureza mesma do povo brasileiro, extremamente inclinada a ela. E, em seguida, a força latente para a sua execução com que nos dotaram as heranças africana, ibérica e indígena, principalmente as duas primeiras. Podemos até afirmar que na herança afro-ibérica a tradição dançante é uma das mais fortes, senão a mais forte no terreno artístico.

O não-aproveitamento dessa riquíssima fonte, assim como o da literatura folclórica, da pintura e da música brasileiras – que já principiam a tomar um rumo tão definido – aparecem como elementos extremamente propícios para o desenvolvimento de um balé nacional que possa vir a ser apresentado com características próprias e marcantes. A exemplo do que foi feito na Rússia, a introdução de novos passos regionais na técnica acadêmica e o aproveitamento dos elementos artísticos puramente nacionais viriam enriquecer extremamente o balé mundial, revelando, na dança, o mundo da beleza e da poesia brasileiras. Será esse um sonho vão? Não me parece.

A TÉCNICA

8 ‖ A harmônica incoerência

Toda essa introdução não apenas justifica como também explica o início do meu trabalho. Era sempre um conflito e com o conflito surge o movimento. No corpo, na casa, na vida. Mas o que gera esses conflitos?

Só mais tarde descobri que o espaço existente entre as oposições gerava os conflitos, assim como a maneira de expressá-los. Foi então que notei a importância do meio, ou seja, a vivência entre o princípio e o fim, o espaço intermediário.

Dessa forma, a configuração do espaço gerado por um movimento é mais importante do que o movimento em si: é nesse intervalo que se passam a emoção, as projeções. A vida em movimento está nesse espaço. É a sabedoria de viver nem tanto lá nem tanto cá. É também estar presente a cada momento, assim como não deixar escapar a intenção de um movimento enquanto ele se realiza, nem antecipar mentalmente seu fim.

A DANÇA

Mas o conflito precisa de espaço, suficientemente grande para demonstrar com a presença dos opostos a verdadeira intenção dos gestos. Só conhecendo a existência de outras possibilidades para a resolução de um problema é possível condensar essas possibilidades em um gesto único, que contenha todos os antagonismos. Se tenho apenas uma possibilidade para a resolução de um problema e a intenção de um gesto, não existe a flexibilidade que uma experiência com várias possibilidades oferece.

Como na vida, quando se questiona só um lado do conflito, ele não terá soluções e continuará sempre um problema. O mesmo se aplica ao gesto: quando é direcionado, sem as oposições naturais e sem o conhecimento do seu código no espaço, nunca terá uma intenção: é um gesto aleatório, formal.

Todo resultado de um gesto, ou de uma ação, provém do espaço existente entre a oposição de dois conceitos. Seu gerador é sempre par, ainda que essa ligação se faça por meio de um aparente distanciamento. É a lei da harmônica incoerência da vida: todo trabalho corporal, se analisado sob um só ângulo, é incoerente. Mas, unido ao todo, surge a harmonia.

Duas Forças Opostas geram um Conflito, que gera o Movimento. Este, ao surgir, sustenta-se, reflete e projeta sua intenção para o exterior, no espaço. No corpo, esse fenômeno se inicia no momento em que descubro a importância do solo e a ele me entrego e o respeito.

Essa é a primeira fase, a da germinação, a da entrega. Só quando descubro a gravidade, o chão, abre-se espaço para que o movimento crie raízes, seja mais profundo, como uma planta que só cresce com o contato íntimo com o solo.

Só dessa forma surge a oposição, a resistência que vai abrindo espaço entre os ossos, seguindo sua direção nas articulações. À medida que vou sentindo o solo, empurrando o chão, abro espaço para minhas projeções internas, individuais, que, à medida que se expandem, me obrigam a uma projeção para o exterior.

Ao iniciar qualquer coisa – uma amizade, uma relação amorosa, um curso qualquer –, a primeira fase é de puro encantamento. Tudo é belo e novo. Somente depois se inicia a adolescência do processo, na qual a revolta, a crítica e a busca de novas fórmulas é uma constante.

Mas é preciso reconhecer o local do corpo onde surge a oposição à força que vem do solo: geralmente situa-se em pontos em que nossa tensão é mais freqüente. Ombros, língua, mão, boca, coluna cervical, diafragma. É nesse ponto de tensão que colocamos nosso equilíbrio – quase nunca nos pés.

Pára-raios de energia acumulada, os pés facilitam a distribuição dessa energia pelas diversas partes do corpo, quando bem utilizados. Porém, andamos em cima dos ombros, corremos com a língua: a força está sempre concentrada nas partes erradas.

Um exemplo: quando se pede um *grand-jete* às bailarinas é comum descobrir que elas costumam colocar a tensão no pescoço. Não percebem que, com o pé bem colocado, sentindo o chão, essa energia se distribui. O pé também denuncia nossa relação com a vida, ao pisarmos brigando com o solo, ignorando-o, deslizando, aéreos ou indiferentes.

Ao dividirmos os espaços nos localizamos dentro deles. Estabelecemos seus limites, tão importantes para o surgimento de uma verdadeira ação. Mas essa ação depende dos limites em que atuamos: o gesto, o som da voz, a intenção serão limitados pelas paredes, pelo teto e pelo chão em que essa ação se passa.

É isso que faz que as pessoas se percam ao atuar ao ar livre, sem os limites normais de uma sala. Só quando tenho claramente meus limites internos posso dar fronteiras às minhas ações,

A DANÇA

95

seja numa sala de aula, num palco ou ao ar livre. Caso contrário, essas intenções dispersam-se e perdem sua força.

Assim, é importante que, antes de começar qualquer trabalho corporal, eu incorpore o espaço que vou usar. O uso contínuo dos objetos e dos limites na nossa vida cotidiana impedem qualquer observação e qualquer trabalho muscular, que se torna mecânico e inconsciente.

Ao caminhar por um espaço fechado, ao ter consciência dele, limito meus espaços internos para que minha energia seja conduzida e utilizada só na extensão da sua necessidade: o gesto não precisa ser necessariamente grande nem o desgaste maior que o necessário.

Existem musculaturas em nosso corpo que constituem e formam a sua individualidade: quando acordamos e nos encaminhamos para a feira, independentemente de nosso humor ou cansaço, existe uma musculatura que compõe a nossa couraça – e que será diferente da musculatura que estará atuando no momento de visitar um amigo ou ir ao cinema.

A percepção e a utilização dessa musculatura são importantes para a saúde e a individualidade do meu corpo. Assim, a aula de dança começa pela manhã, quando abrimos os olhos na cama. O aquecimento interno ocorrerá no intervalo entre esses dois espaços, a sala de aula e a minha cama, na rua, no chuveiro, no trânsito – na vida.

Mudar de local de refeição e de dormir dentro da própria casa são estímulos que geram conflitos e novas musculaturas em nosso cotidiano: espaços novos, musculatura nova, visão nova. Mesmo na sala de aula o espaço que reservamos para nossa criatividade fica sempre restrito ao mesmo espaço físico que ocupamos diariamente – e que, aos poucos, termina sendo um espaço ausente pela não-percepção da sua utilização.

Só posso ver o espaço à minha volta quando me afasto, e o mesmo se dá com minha emoção: ela embarga, atrofia, freia qualquer movimento que parta de mim. Não posso sentir e ao mesmo tempo dizer ou analisar o que se passa comigo. Solução: sinto e após o ato reflexivo narro o que sinto. Só então minha emoção chega ao interlocutor ou à platéia.

É preciso que haja sempre um distanciamento físico e crítico do que faço e do que digo. A emoção deve ser distanciada: ela é proveniente de uma técnica, é inerente aos músculos, ao espaço, aos ossos, ao corpo. Tudo isso, ao gerar um movimento limpo e claro, estará dando espaço para que a emoção se torne viva.

À medida que tecnicamente vou mudando meus espaços, meu eixo, minha flexibilidade e equilíbrio, trabalho também minha visão de mundo, minha ótica das coisas e das pessoas. Aprender a questionar objetivamente e a observar a si mesmo são as melhores formas de aprendizado.

O ato de questionar é o resultado de uma observação que provém de um distanciamento e de uma conclusão, ainda que passageira e nunca definitiva. As musculaturas usadas para isso são cadeias profundas que ajudam a construir nossa imagem: somos os únicos responsáveis pelo corpo e pelo rosto que temos, e somente nós poderemos modificar esse corpo e esse rosto.

9 | Ao ritmo do universo

Acredito que meu método de trabalho tenha começado a surgir no momento em que vi meu filho nascer. Achei tão duro, tão violento vê-lo nascendo e logo em seguida ser afastado da mãe... De alguma forma percebi que ali começava a interromper-se o fluxo natural das coisas, mas, por paradoxal que possa parecer, era impossível conceber a vida e o próprio nascimento sem qualquer violência.

Nesse momento, tornou-se claro que o mesmo processo ocorria em nosso corpo, da superfície da pele até o sistema nervoso, num movimento contínuo em que nascimento, vida e morte confundiam-se como um jogo de forças ao mesmo tempo opostas e complementares. Aí deveria residir a essência de qualquer trabalho que propusesse recuperar a percepção da totalidade do corpo e tornar consciente gestos até então mecanizados em nossa prática cotidiana.

Isso pode ser mais claramente entendido com um simples exemplo: quando trabalhamos os pés, usando exercícios de sensibilização e toque, começamos realmente a saber que temos pés. Eles ganham vida e amplitude por meio da percepção dos movimentos.

Da mesma forma, quando trabalhamos uma determinada articulação, ampliamos sua mobilidade, e o esforço realizado repercute sobre todo o corpo, uma vez que essa articulação é parte de um todo. Ao trabalhar isoladamente uma articulação, ao dissociar as partes do corpo, pouco a pouco recupero a percepção da totalidade – a dissociação torna-se útil à associação.

Ao acordar, ao sensibilizar uma dada articulação, adquiro mais um ponto de equilíbrio em meu corpo, e isso acaba agindo sobre todo o resto, inclusive sobre coisas que aparentemente nada têm que ver com músculos e articulações, como a atividade intelectual.

Estamos sempre evoluindo e há um momento nessa evolução que se revela em nosso corpo e nos assusta. Depois disso, ocorre uma verdadeira renovação e já não temos mais medo daquilo que se apresenta diante de nós como novo. Esse processo é marcado por contradições, avanços e recuos, por idas e vindas que tornam intensamente rica a nossa ação e abrem espaço para profundas transformações. Mas, se perdemos essa capacidade de renovação, se fugimos às dificuldades que surgem, encerramos a própria vida. Nesse sentido, a imagem do parto é exemplar.

O que é o parto? É o final da gravidez, de um longo processo que se inicia no encontro de duas forças – masculina e feminina –, duas naturezas ao mesmo tempo iguais e opostas. Há então um momento de fertilização, um tempo de incubação e um longo período de gestação em que um outro corpo está se formando no corpo da mulher. Mas também esse processo deve chegar a um termo.

Há uma lei natural que condiciona o desfecho do processo a uma situação de crise profunda, que é exatamente o instante do parto. É impossível conceber um parto natural sem dor, sem contrações, sem sangue. Mas, depois da crise, o que temos diante de nós é uma nova vida.

O mesmo ocorre com nosso corpo: quando iniciamos um trabalho corporal, há todo um processo que vai da fertilização ao nascimento. Quando iniciamos um trabalho com as articulações, existe um momento que corresponde ao instante da fertilização, existe um longo processo de gestação e, finalmente, o parto – quando as articulações se desprendem, ganham mobilidade e maior flexibilidade.

Como em toda espera, vivemos, então, sensações contraditórias, da mesma forma como uma mulher grávida parece viver, ao mesmo tempo uma força amorosa e um sentimento de rejeição, pois algo cresce dentro dela e transforma completamente seu corpo.

Todo processo criativo é quase sempre marcado por contradições e antagonismos constantes, em que nascimento, vida e morte, alegria, prazer e dor constituem momentos distintos, que se confundem e dão sentido a uma nova existência.

Insisto que mais importante do que o desfecho do processo é o processo em si, pois normalmente somos levados a objetivar nossas ações a ponto de fixarmos metas e finalidades que acabam impedindo a vivência do próprio processo, do rico caminho a ser percorrido.

No trabalho corporal, quando definimos objetivos exteriores a nós, acabamos por converter o processo num meio de alcançar apenas determinados fins e, com isso, perdemos de vista o próprio corpo, tornado assim mero instrumento das nossas vontades e idealizações.

A DANÇA

Um exemplo: quando alguém decide fazer dança ou halteres, de certa maneira já tem uma imagem preconcebida do bailarino ou do halterofilista que acredita ser o ideal. Existe, portanto, um ideal a atingir, e isso faz que as pessoas às vezes se submetam a um verdadeiro massacre físico e psicológico para alcançar a forma sonhada. Mas não posso moldar um corpo quando ainda não tenho um corpo: antes de qualquer coisa, devo partir do corpo que tenho, e isso requer disciplina e organização.

Quando falo em disciplina e organização não me refiro a atitudes ditadas do exterior, mas ao ato de dar-se organização, de estabelecer uma disciplina interna. Penso que é muito difícil alguém se sujeitar a qualquer tipo de condicionamento exterior sem que esteja de alguma forma internamente propenso a aceitá-lo.

Para que se consiga tornar fluente o movimento é indispensável trabalhar de maneira disciplinada e organizada. Por exemplo: para liberar uma dada articulação, primeiro é necessário prendê-la, descobrir a diferença entre o que é prender e soltar. Só quando se obtém um relativo domínio sobre a articulação e suas possibilidades de movimento é que se torna possível soltar, encaixar e desencaixar à vontade, empregando toda a potencialidade em forçar ou liberar a articulação.

Mas, como em qualquer outro processo de trabalho, não adianta apenas saber que o corpo age dessa ou daquela maneira. É preciso educar e tornar fluente a naturalidade do gesto, até o momento em que o aprendizado se converte num hábito, como parte de uma dinâmica corporal que assimila e ao mesmo tempo transcende os limites do próprio aprendizado.

Resumido em compressão e expansão, o movimento humano tanto é reflexo do interior do homem quanto tradução do mundo exterior. Tudo que acontece no universo acontece comigo e com cada célula do meu corpo. A espiral crescente, o

universo, tem um ponto de partida em cada um de nós, e é do nosso interior, da nossa concepção de tempo e espaço, que estabelecemos uma troca com o exterior, uma relação com a vida.

Se você chega ao ponto de integrar-se ao ritmo do universo, seu mundo e seus limites também vão se alargando e sua musculatura se alongando, ao contrário do que acontece no cotidiano comum, em que as pessoas, pela repetição do dia-a-dia, reduzem gradativamente sua vida, atrofiando os músculos.

O ser humano vem perdendo o domínio de seus sentidos ao *representar o* gesto, enquanto as outras espécies animais procuram preservar esse gesto. Um animal selvagem é perfeito em sua integridade, é flexível e adota, instintivamente, a espiral como linguagem corporal.

A razão impõe a reta como caminho mais curto entre dois pontos, mas nos esquecemos de que ela é tensa e dificilmente será harmônica, no caso da musculatura humana. Quando o homem escolhe os movimentos retilíneos e conduz seus músculos a um objetivo predeterminado, anula a intuição, sobrepõe a racionalidade ao instinto. Isso não aconteceria se fizesse a opção pela curva ou espiral, na qual encontraria maior prazer em cada etapa do aprendizado, com gradual aprofundamento e expansão da consciência.

A vida é a síntese do corpo e o corpo é a síntese da vida. Não há qualquer novidade nessa afirmação: desde Isadora Duncan – que permanece mais moderna do que muita coisa que se faz em dança – descobriu-se, pela sensibilidade, a relação da musculatura humana com os elementos da natureza.

Se tenho consciência de que as folhas, quando se movem com o vento, têm uma relação com minha musculatura e minha respiração, conduzo cada movimento para minha memória muscular mais profunda, que, por sua vez, vai me ajudar a gerar gestos mais puros, nascidos da sua ligação com a minha emoção. Isadora ouvia os elementos, sentia-os e conseguia codificá-los e mantê-los presentes em seu gestual e em seu corpo.

Certa vez, pedi a alguns alunos que pegassem pedrinhas e as jogassem no mar. Para demonstrar criatividade, os alunos rolaram na areia, olharam para o céu, chutaram a água e, depois, intelectualmente, justificaram tudo falando em "dinâmica maior" e "músculos específicos". Mas ninguém jogou a pedra na água.

A dança e a movimentação cotidiana não se prendem ao passado ou ao futuro, nem a um professor. O que interessa é o agora. Ninguém melhor do que você pode questionar sua postura, suas ações. Não são as seqüências de postura dadas por uma *pessoa* à sua frente que farão de você um bailarino ou uma pessoa de movimentação harmônica. A dança começa no conhecimento dos processos internos. Você é estimulado a adquirir a compreensão de cada músculo e do que acontece quando você se movimenta.

Às vezes, por processos prazerosos ou dolorosos, as partes vão se ligando e você acaba entendendo o todo, tendo uma percepção mais integrada do corpo. Normalmente, no entanto, não é o que acontece: você trabalha técnicas específicas e são essas mesmas técnicas que o levam a adquirir couraças que impedem seu reconhecimento interior.

Se existe uma dança mais natural, ela está no âmbito da expressão popular, em que é exercida sem sofisticação. Quando um pai-de-santo benze alguém, está procedendo a um ritual instintivo, promovendo uma articulação básica que está sempre nas manifestações populares autênticas. E nesse gesto instintivo ele cruza energia, redistribui a vibração do corpo, promove um relaxamento dos músculos.

Assim como o benzimento em *x* respeita as linhas dos nossos músculos, também nas danças folclóricas e outras manifestações gestuais do povo existem pontos-chave da identidade mais profunda. Por isso mesmo, sempre descobrimos nas danças populares uma infinidade de semelhanças com a dança considerada artística.

Dessa forma, devemos buscar compreender e assimilar nossa interdependência com o espaço, esquecendo a forma, que, quando preconcebida, é morta, estática, acomodada e impede o aprendizado, o aperfeiçoamento e a criação de novos gestos.

Se trabalho enriquecendo minhas possibilidades musculares, eu sou o movimento e não apenas me movo. E, se me movo integralmente, tenho em mim todas as forças que regem o universo. Quando danço, portanto, está dentro de mim a engrenagem que faz o movimento do mundo.

O que vemos, no entanto, é que o domínio da arte da dança, em nossos dias, obedece a certas regras e convenções em função de um ideal estético antecipadamente suposto e proposto. Mas é possível pensar a dança para além desses limites, como uma das raras atividades em que o ser humano se engaja plenamente de corpo, espírito e emoção. Mais do que uma maneira de exprimir-se por meio do movimento, a dança é um modo de existir – e é também a realização da comunhão entre os homens.

O corpo humano permite uma variedade infinita de movimentos, que brotam de impulsos interiores e exteriorizam-se pelo gesto, compondo uma relação íntima com o ritmo, o espaço, o desenho das emoções, dos sentimentos e das intenções.

Mas, se a dança é um modo de existir, cada um de nós possui a sua dança e o seu movimento, original, singular e diferenciado, e é a partir daí que essa dança e esse movimento evoluem para uma forma de expressão em que a busca da individualidade possa ser entendida pela coletividade humana.

10 ‖ Aprendizado e energia: noções

Como vimos, ao desequilíbrio emocional corresponde um desequilíbrio postural, provocado por tensões de toda ordem. No entanto, a tensão em si não constitui um problema, pois sem ela não conseguiríamos nos manter em pé ou suportar o peso de nossa estrutura, cedendo à força da gravidade, que constantemente nos impele à queda. Na verdade, o problema está no acúmulo de tensões, nas tensões localizadas que restringem a capacidade de movimento das articulações e dos grupos musculares, obstruindo o fluxo energético que atravessa o corpo.

Ao observar as posturas que normalmente adotamos, é possível perceber de onde provém a maior parte das tensões. Uma tensão localizada no joelho ou nos cotovelos pode limitar nossa capacidade de andar ou de movimentar livremente os braços, mas esse problema pode ser evitado com o relaxamento da articulação correspondente.

A DANÇA

Teoricamente, essa estrutura óssea deve estar sempre aberta, e, para isso, costumamos empregar vários exercícios de alongamento muscular e de conservação dos espaços internos. Por exemplo: se preservarmos maior espaço para os pulmões, a respiração ganha mais amplitude e há melhor oxigenação de todo o organismo, um verdadeiro incremento de energia vital. Isso pode proporcionar prazer, relaxamento e alívio da tensão muscular.

No início do trabalho corporal é muito difícil localizar as tensões musculares. Elas estão estritamente ligadas às tensões de fundo emocional e mental e em geral surgiram há tanto tempo que na maioria das vezes já constituem um hábito ou uma segunda natureza. Como já foi dito, uma das técnicas que costumo empregar para a observação das tensões é a seqüência dos movimentos básicos de agachar, sentar, deitar e levantar. Durante essa seqüência é possível perceber quanto nossa linguagem corporal é pobre e como repetimos os mesmos gestos mecanicamente, em conseqüência de tensões que inibem nosso "vocabulário" gestual.

Em nossa civilização, caracterizada pelo estresse, o indivíduo tende a manter com o próprio corpo uma relação cada dia pior. O acúmulo de tensões é uma constante no cotidiano. Para justificá-lo, as pessoas costumam dizer que a velhice está chegando, que estão com reumatismo, problema de coluna ou qualquer outra mazela. Quase sempre, porém, nada disso é muito verdadeiro, pois o que se procura é apenas uma desculpa diante de tensões que acabam comprometendo seriamente os movimentos mais simples e inibindo a sensibilidade e a percepção corporal.

No corpo humano existem vários pontos suscetíveis de tensão. Além dos anéis amplamente estudados por Reich, a língua, o cotovelo, o joelho e o dedão do pé são também grandes focos de tensão. A língua merece um estudo à parte — entre outras coisas, ela tem estreita relação com a respiração. A língua acompanha, com movimentos musculares imperceptíveis, todo o processo de inspiração e expiração.

Nesse sentido, tensões localizadas na língua prejudicam o desempenho das funções respiratórias. Por outro lado, por ter estreita relação com a musculatura do pescoço, tensões ali localizadas refletem-se em todo o tronco.

Desde a infância, todos nós trazemos lembranças fortemente gravadas de odores de frutas, de comidas, de pessoas, de lugares e até mesmo de objetos, odores que de alguma forma já estão incutidos em nossa memória emocional e que são parte indissolúvel de nossa personalidade.

Necessitamos dessas lembranças bem vivas se quisermos sentir o mundo com intensidade e se quisermos nos manifestar no mundo com inteireza. E uma das portas de entrada e de saída dessas emoções é justamente a língua. Também se conhece a importância vital do órgão no processo de verbalização das idéias – além de ligada à alimentação, à respiração e à emoção, a língua está diretamente relacionada com o exercício da fala.

O ânus, como outra porta das emoções, além de cumprir a função específica de aparelho excretor, revela ainda estados emocionais – os desarranjos intestinais, a prisão de ventre e a própria excreção estão associados a processos físico-emocionais que atuam sobre todo o corpo e, muitas vezes, localizam-se na região do esfíncter anal.

O mesmo ocorre com os demais órgãos do sentido, mas em menor escala. O aparelho auditivo, por exemplo, também pode ser um foco de tensão que age de forma mais direta sobre a cabeça. Certas dificuldades de associação de idéias e de articulação do pensamento provêm desse tipo de tensão. Não é à toa que as pessoas surdas desenvolvem uma sensibilidade corporal

A DANÇA

diferente, assim como os cegos, que encontram muita dificuldade em perceber seu corpo, em ter uma imagem corporal de si mesmos.

Além disso, existem diversos pontos em nosso corpo que são verdadeiros centros nervosos irradiadores de energia, associados às emoções: o queixo, a região da traquéia, o esterno, a crista do ilíaco, a região do púbis, a coxofemoral.

Esses pontos, quando bloqueados, acumulam tensão, e em torno deles vai se formando uma verdadeira couraça muscular. O equilíbrio dessas tensões – entendido como a tonicidade ideal dos músculos – permite também o equilíbrio das emoções que derivam de cada um desses pontos.

Há uma diferença muito grande, por exemplo, entre a emoção expressa através do esterno – que atua mais no sentido da projeção – e a emoção que flui da região dos quadris. Esses pontos ou articulações não atuam apenas como dobradiças do corpo, mas também como marcos divisores das mais diferentes emoções. De certa forma, a cada grupo muscular e articular corresponde determinada emoção, e, dependendo da emoção que se queira transmitir, deve-se privilegiar o trabalho com esse ou aquele grupo muscular, essa ou aquela articulação.

Se estamos construindo um personagem cuja característica principal seja o medo, por exemplo, o centro é a parte mais ligada a essa emoção. Alguém com a sensação de medo tende a se fechar, arqueando os ombros e apoiando-se nas costas. Quando os espaços articulares são satisfatoriamente preservados, o jogo de emoções associadas a esses pontos pode ser plenamente sentido.

Quando iniciamos um trabalho corporal da maneira como proponho, esteja ele voltado para a dança, o teatro ou qualquer outra atividade, a primeira necessidade que se impõe é a derrubada da parede que separa a sala de aula, onde exercitamos nosso corpo, do mundo exterior, onde vivemos nossa vida cotidiana. Não podemos nos esquecer de que o corpo que queremos exercitar é o mesmo com o qual nos acostumamos a correr, brincar, amar ou sofrer. Quanto mais levarmos em conta essa dimensão existencial revelada por meio do nosso corpo, quanto mais considerarmos as dúvidas e os questionamentos que nascem na relação com o mundo exterior, mais proveitoso poderá vir a ser o trabalho realizado e tanto mais rico o resultado obtido.

Por outro lado, a relação professor–aluno não deve ser muito diferente das relações que mantemos com as pessoas em nossa vida diária. É muito comum, pelo menos nos estágios iniciais, a tendência do aluno a projetar no professor sua necessidade de um ponto de referência externo, uma figura destinada a absorver todo gênero de carências.

Mas, quando essa transferência ocorre e é detectada pelo professor, este deverá encontrar um meio de permitir que o aluno se dê conta do fato, pois assim poderá ajustar-se ao trabalho e a si mesmo. A relação do tipo professor-guru-onipotente e aluno-fiel-subserviente pode ser muito prejudicial ao trabalho que se está desenvolvendo, assim como à própria vida.

Ao longo desse processo, é fundamental considerar a relação mundo–eu, verdadeira origem e motor do movimento e da própria dança, pois é da dinâmica desse relacionamento que emerge a singularidade que faz de cada pessoa um ser único e diferenciado. Por meio da vivência da relação mundo–eu, o eu interno desabrocha a partir do amadurecimento do eu social, que nada mais é do que a forma de nos relacionarmos com o mundo exterior.

A descoberta do eu interno, de um ser único, individual e criativo, é indispensável ao exercício da dança, se quisermos que ela se torne uma forma de expressão da comunidade humana. Desde o nascimento somos submetidos a uma série de condicionamentos sociais, antes mesmo de vivermos os processos de educação formal –, o que acaba resultando em procedimentos mecânicos e repetitivos, dos quais não temos percepção ou consciência.

Se isso, de um lado, facilita a nossa existência cotidiana, de outro, afasta e dificulta o processo de autoconhecimento. Em outras palavras, a memória robotizada pode produzir formas já catalogadas e conhecidas, mas dificilmente criar movimentos novos e ricos em expressão.

E a dança não significa reproduzir apenas formas. A forma pura é fria, estática, repetitiva. Dançar é muito mais aventurar-se na grande viagem do movimento que é a vida. Nesse sentido, a forma pode comparar-se à morte e o movimento, à vida.

Os movimentos circulares são os mais relaxantes para o corpo. De certa forma, eles liberam as articulações e os grupos musculares, permitindo o equilíbrio ósseo e muscular, ao contrário da linha reta, que às vezes bloqueia e impede a exploração das mais diversas possibilidades de movimento.

Essa linha curva, ou redonda, vai gerando anéis musculares por todo o corpo. Estes, por sua vez, se não evoluírem para uma espiral, provocarão a tensão. Assim, o movimento circular deverá procurar sempre o caminho da espiral, de uma curva aberta, pois do contrário giraremos, mas seremos incapazes de sair do lugar.

De qualquer forma, técnica não é estética. Apesar de ter um sentido utilitário na dança, a essência da técnica constitui apenas uma forma de organizar e difundir um determinado conhecimento a respeito do próprio corpo e das possibilidades de movimento.

Essa técnica, portanto, deve ser cristalina, transparente, pois de que adianta fazermos uma série de movimentos formalmente considerados bonitos se isso não traduz ou expressa nada, se não há objetivo ou intenção naquilo que fazemos e se, acima de tudo, não contribui para nosso autoconhecimento?

Há uma mentalidade predominante que concebe a técnica como um fim em si, quando na verdade ela deve ser mais um meio eficaz e em plena sintonia com os fins que proponho atingir. E a técnica eficaz talvez seja aquela que torna possível extrapolar todos os falsos e repetitivos conceitos de beleza, que permite criar ou revelar a identidade entre a dança e o dançarino, entre quem dança e o que está sendo dançado.

Podemos dizer que o que faz a beleza de um movimento é a clareza, a objetividade. Quando o movimento é limpo, consegue expressar aquilo que busca expressar e, como conseqüência natural de sua verdade, ganha em beleza e emoção. Precisamente aí reside seu valor estético.

É muito difícil manifestar um sentimento, uma emoção, uma intenção, se me oriento mais por formas condicionadas e conceitos preestabelecidos do que pela verdade do meu gesto. O que confere autenticidade e expressão a um dado movimento coreográfico é precisamente o poder que ele tem de traduzir certas emoções, sentimentos ou sensações, de tal forma que seria impossível traduzi-los de outra forma ou por meio do recurso de outra linguagem. Ou seja: o que é dançado é dançado por alguém que vive intensamente aquele movimento, aquele gesto, e, por isso, consegue expressá-lo plenamente.

Quando soltamos nosso corpo — o que não significa despencar —, o movimento que executamos flui livremente, obedecendo a uma forma de organização natural, a uma linguagem gestual que, de algum modo, já constitui parte de nossa dinâmica e está em harmonia com nossa capacidade anatômica e funcional, com nossa capacidade de movimento.

Em contrapartida, as situações sociais e culturais influenciam muito o comportamento gestual e postural que adotamos. Por exemplo, as sociedades polinésia, havaiana e taitiana, célebres pela liberdade de costumes, produzem naqueles povos posturas e movimentos flexíveis e redondos, denotando o grau de liberdade que aquelas pessoas desfrutam. Já uma sociedade guerreira, de caçadores, como a de certas tribos africanas, produz posturas e movimentos fortes, intensos, de grande concentração e conteúdo rítmico.

As técnicas excessivamente formais, que desconsideram esses fatos, quase sempre caem no vazio, no limite dos gestos artificiais e desprovidos de emoção. Nesse caso, os movimentos são confusos e pouco objetivos, e o que se apresenta como emoção são apenas máscaras, artifícios tecnicamente produzidos, sem qualquer relação com um impulso vital. O que essas técnicas ignoram é a própria vitalidade do movimento.

Obviamente, nosso corpo necessita de certos códigos para que possa se exprimir. Entretanto, esses códigos devem brotar do movimento que executamos a partir de nossa própria linguagem gestual, daquela linguagem que empregamos no dia-a-dia. Tendo consciência dessa linguagem, posso me comunicar por intermédio dela, posso dançar com ela.

Se não conseguimos estabelecer um contato consciente com o nosso eu interior, contato que normalmente se perde a partir da infância, ficamos impotentes e incapazes de criar um verdadeiro diálogo, seja ele qual for. Em linguagem corporal, isso se traduzirá em gestos, posturas e atitudes medrosos, limitados, inseguros, revelando a maneira como nos projetamos no mundo.

O fato de cada pessoa ser, em síntese, o próprio mundo, um microcosmo, permite que ela encontre respostas para suas dúvidas, paixões e ansiedades quando mergulha com coragem e técnica em seu universo interior. Talvez seja isso que faz que grandes atores representem um mesmo personagem centenas de vezes, sempre de maneiras distintas. Ou seja: buscando em si a verdade daquele personagem, o ator pode conseguir a cada nova apresentação explorar aspectos novos e inéditos do ser fictício – mas ao mesmo tempo real – que encarna.

O mesmo processo aplica-se à construção dos tipos ou personagens do balé clássico: quando essa técnica é devidamente aplicada, as Giselles, Odetes e Copélias deixam de ser personagens acadêmicos para tornarem-se verdadeiros clássicos; deixam de ser estereótipos de personalidades humanas para atingir a dimensão de autênticos arquétipos da humanidade.

No teatro ou na dança, o ator e o bailarino desencadeiam, a partir de sua individualidade, um rico processo criativo, pelo qual os elementos técnicos adquiridos podem ser codificados e, em seguida, representados. A técnica cumpre aqui a tarefa de dar corpo e alma a cada tipo ou personagem que se queira representar. Este, para mim, deve ser o processo de criação capaz de produzir obras e manifestações verdadeiramente artísticas.

No terreno da arte, a obra só toma corpo na relação que o artista mantém com a realidade que o cerca, mesmo que essa relação seja atravessada pelas mediações mais sutis. O artista, como criador, mais do que ninguém necessita aguçar sua percepção do real, e o momento da criação pressupõe e ao mesmo tempo encerra o processo de autoconhecimento.

O corpo humano é uma síntese do universo. Não sou eu quem diz, nem tal coisa foi dita apenas no século XX. Mas sabemos que no corpo todas as relações, todas as proporções universais estão de alguma forma contidas – e é precisamente essa infinidade de atributos, funções e possibilidades que faz do corpo um verdadeiro mistério.

Apesar de todo o conhecimento acumulado a seu respeito, o corpo humano ainda não foi completamente explorado e talvez nunca cheguemos a conclusões definitivas sobre suas potencialidades. De qualquer forma, sua existência revela a presença de algo cuja dimensão transcende a própria materialidade: aquilo que comumente chamamos de energia vital.

Atualmente, em diversos países, desenvolve-se um amplo trabalho no campo da bioenergética, que permite sustentar a idéia de que a energia é a base da própria vida. Como potencializar e canalizar essa energia em um sentido criativo é o que nos interessa mais de perto, tanto no domínio da arte quanto da própria vida.

Mesmo relativizando a onipotência que se costuma atribuir ao homem como ser racional, é impossível negar sua capacidade consciente de lançar mão dessa energia, modificando-se ou intervindo em processos naturais. A própria atividade biológica, caracterizada por um contínuo movimento, é a usina que produz essa energia vital e gera um fluxo energético que se processa por todas as áreas do corpo humano.

Em algumas dessas áreas, esse fluxo é bem mais visível, como nas mãos e nos pés, regiões que se comunicam com o mundo externo de forma muito mais intensa. Além dessas regiões, o plexo solar, o esterno, a garganta e a virilha são grandes centros nervosos nos quais também se realiza um intenso fluxo energético.

Por meio da energia vital produzida por minha atividade biológica relaciono-me com o mundo, comigo mesmo e com tudo que me cerca. Minha energia vital cresce na mesma medida que o meu trabalho corporal torna-se consciente. Quanto mais presente em mim mesmo eu estiver, quanto mais atento a cada gesto ou deslocamento, maior poderá ser a minha produção e concentração de energia vital.

Movido por essa necessidade fundamental – a consciência de mim – é que procuro, com o meu trabalho, proporcionar às pessoas uma consciência corporal baseada na percepção dos espaços internos do próprio corpo. Nesses espaços, que em geral correspondem às diversas articulações, localizam-se fluxos energéticos e inserem-se os vários grupos musculares.

Ainda é bom ressaltar que a preservação do espaço corporal atua para garantir uma boa relação de equilíbrio, pois quando se subtrai o espaço corporal, surge a tendência à diminuição da capacidade de equilíbrio e quando se consegue preservar e ampliar esse espaço, o equilíbrio alcança um ponto satisfatório.

Para entender essa relação, mesmo sabendo que o corpo constitui uma totalidade indivisível, podemos exemplificar dizendo que existem dois tipos de equilíbrio (ou desequilíbrio) que se influenciam mutuamente: o interno e o externo. Um dado equilíbrio (ou desequilíbrio) externo gera um dado equilíbrio (ou desequilíbrio) interno. E vice-versa.

Do mesmo modo, existe um espaço interior, emocional, mental, psicológico, e um espaço exterior, que é onde se manifesta a dinâmica do corpo. A sensação de equilíbrio corresponde ao momento ou aos momentos em que descobrimos uma maneira harmônica de utilização do espaço, em que equilíbrio interior e exterior já não se diferenciam mais.

O homem se insere no universo e atua como síntese desse universo de tal maneira que, ao me conhecer e conhecer a humanidade, estou desvendando o próprio universo. Essa relação pode ser esmiuçada até o nível celular, como parte de um processo baseado na dialética da própria natureza, que conforma e dispõe as coisas e os homens independentemente de qualquer vontade.

Como homens e seres naturais, deveríamos considerar e procurar respeitar as leis da natureza também inerentes a nós.

O fato de sermos indivíduos culturais não elimina essa verdade, apesar de nos afastar cada vez mais dela. O que proponho é a retomada das leis naturais que regem toda existência, exatamente por meio do trabalho consciente.

11 ‖ Percepção corporal a partir de movimentos básicos

No dia-a-dia realizamos uma infinidade de movimentos que acabam revelando a relação que costumamos manter com nosso corpo e com tudo mais que nos cerca. Se observarmos, por exemplo, o ato de andar, veremos como é possível identificar características muito distintas de comportamento.

Dependendo da relação que os pés normalmente estabelecem com o chão podemos expressar agressividade, dor, alegria ou até mesmo ausência. Existem pessoas que agridem o chão ao andar, algumas que acariciam e outras ainda que simplesmente estão distantes do chão, às vezes deixando transparecer uma relação de completo abandono.

Mas o simples ato da observação já interfere na minha maneira de andar, pois tudo aquilo que é observado − o contato dos pés com o chão, a posição dos joelhos e quadris, a colocação do tronco em relação às pernas, a posição da cabeça em relação ao tronco − acaba sofrendo uma interferência. Movimentos que

há muito tempo estão incorporados à nossa dinâmica são, a partir de então, evidenciados e tornam-se perceptíveis.

Observando atentamente o meu andar, percebo a relação de apoio que tenho com o chão e como meu corpo atua em movimento. A minha maior ou menor liberdade de movimento ao andar vai, assim, tornando mais clara a relação de equilíbrio que costumo manter com o solo, o espaço, a gravidade e meu próprio corpo.

Assim como o andar, os movimentos de agachar, sentar, deitar, levantar, também possibilitam observar o desempenho das articulações nas atitudes de postura mais comuns, ou ainda as dificuldades na passagem de um movimento para outro. É muito importante executar e perceber esses movimentos, pois eles acontecem a todo momento, quando sentamos numa cadeira, deitamos numa cama ou caminhamos pela rua. E para mim, mais do que numa aula, é no cotidiano que essa experiência de observação e questionamento deve ser vivenciada, permitindo que gestos comuns se convertam em atitudes mais ou menos conscientes.

Sem que haja consciência desses movimentos e da maneira como costumamos fazê-los é muito difícil avançar em direção a movimentos mais elaborados, que já exigem um certo conhecimento e domínio de si mesmo. Se não levarmos em conta essa realidade, qualquer tentativa nesse sentido tende a fracassar ou a converter-se em pura ginástica.

Um exemplo: certa vez dei um curso para um grupo de senhoras que pareciam se interessar apenas pela vida doméstica, pelas coisas que de uma forma ou de outra estavam relacionadas com o dia-a-dia. Então, pedi a elas que levassem para as aulas espanadores, panos de chão, vassouras, e que repetissem os movimentos que costumavam fazer ao limpar a casa, procurando observar a maneira como se moviam.

A partir daí sugeri que procurassem tornar os movimentos o mais agradável possível, mais conscientes, mais simples. Só mesmo com esse tipo de exercício essas senhoras passaram a perceber como se relacionavam mal consigo mesmas e de que forma poderiam melhorar essa relação do dia-a-dia. Não propus exercícios sofisticados: se o fizesse elas talvez relutassem em tentar ou, quem sabe, não entenderiam nada do que estava sendo proposto.

Isso serve para ilustrar um princípio básico do meu trabalho: por meio da observação e da percepção dos movimentos mais elementares, criamos um código com nosso corpo, começamos a sensibilizar as partes mortas e a liberar as articulações. Nosso corpo vai reagindo aos mais diferentes estímulos, do mesmo modo que um saco plástico cheio de ar reage a uma determinada pressão, deslocando-se, inflando em outro ponto qualquer, compensando em outra parte a pressão exercida sobre ele.

Dito de outra forma, se exercitamos os pés procurando abrir os espaços entre os dedos, massageando-os, o corpo inteiro responde a esse estímulo e o resultado pode ser sentido até o ápice da cabeça, por uma sensação de calor, de uma energia que flui de baixo para cima. Esse código pode ser estabelecido de diversas formas, mas no início do trabalho interessa mais a quantidade do que a qualidade dos movimentos executados.

É importante também manter-se atento a cada gesto, a cada deslocamento, à maneira como as várias articulações e grupos musculares reagem aos mais diferentes estímulos – quando, por exemplo, experimento os movimentos de balançar, sacudir, vibrar ou flutuar.

Novamente o exercício de andar parece servir como melhor exemplo: primeiro ando e apenas observo o meu andar, se estou à frente ou atrás das pernas, se meu tronco está sobre os quadris ou minhas costas me puxam para trás, se minha cabeça pende para a direita, para a esquerda, para a frente ou para trás, se um braço balança mais do que o outro, se caio para a esquerda ou para a direita.

Depois disso, procuro decompor meu andar e reproduzir lentamente meus movimentos, observando a passagem de uma articulação para outra, de um apoio para outro, tentando perceber que articulação ou musculatura entra em ação nesse ou naquele movimento, na transferência de um movimento para outro.

A partir daí volto a andar normalmente e a observar se houve alguma mudança na minha relação com o chão, na minha postura, na minha sensação do peso do corpo. Finalmente, trato de reorganizar meu movimento de acordo com essa percepção, buscando estabelecer uma relação de equilíbrio: o peso do corpo sobre o metatarso; maléolos, joelhos e quadris levemente girando para fora, os quadris sobre as pernas e o tronco sobre os quadris; a cabeça numa posição de aproximadamente 90 graus em relação ao pescoço e o corpo todo voltado para a frente, enfatizando o trabalho da musculatura anterior e procurando anular a força da musculatura posterior que, normalmente, atua como freio do movimento e nos puxa para trás.

Cabe ressaltar que essa relação de equilíbrio só se torna satisfatória quando acontece como resultado da observação atenta e da percepção consciente de cada movimento realizado. Por isso mesmo, não deve ser vista como fórmula ideal, capaz de solucionar qualquer desvio ou vício de postura.

Outro ponto importante é permitir que o movimento simplesmente surja, sem obsessão ou intelectualização. Em lugar de aferrar-se a uma dada postura, a uma receita do que deve ser o equilíbrio postural, interessa muito mais despir a pessoa de sua imagem habitual, da postura com a qual acostumou-se a encarar o mundo. Essa postura revela atributos e defeitos que lhe foram sendo impressos e que, na maioria das vezes, nunca chegaram a ser seriamente questionados.

Por isso mesmo, durante a primeira fase do trabalho emprego exercícios lúdicos que, como veremos mais adiante, põem em xeque essa imagem construída na relação com o mundo exterior. Brincar, saltar, pular, correr livremente vão revelando emoções, sentimentos e uma riqueza de gestos que pareciam perdidos desde a infância.

Não é à toa que certas pessoas são tomadas de grande ansiedade ou acabam abandonando as aulas quando se vêem diante de uma imagem que não corresponde mais ao que elas são, diante de novas possibilidades e potencialidades até então completamente desconhecidas ou esquecidas.

Mas, apesar de ser compreensível o fato de as pessoas não quererem se desfazer de uma imagem já cristalizada e incorporada à própria personalidade, esse parece ser o caminho capaz de transformar gestos mecânicos e repetitivos em movimentos conscientes e, por isso mesmo, verdadeiros. Pelo menos é o que tem demonstrado o trabalho até hoje realizado com pessoas de idades, profissões e trajetórias muito distintas.

Portanto, antes do ensino de uma técnica corporal específica é necessário que se faça um trabalho de conscientização corporal, sem o qual o aprendizado poderá ser deficiente, pois o corpo vai adquirindo uma forma, criando uma armadura e consolidando ainda mais as tensões musculares profundas.

Para isso, no entanto, é indispensável que a pessoa se sinta predisposta a realizar esse tipo de trabalho. Não é por acaso que muitos bailarinos profissionais encontram sérias dificuldades diante do trabalho que proponho. Isso não quer dizer que um bailarino não possa, por meio de técnicas convencionais, levan-

A DANÇA

tar a perna, girar, dar mil piruetas — mas isso será apenas acrobacia caso limite-se a uma ação puramente técnica.

O que não podemos esquecer é que as pernas com as quais danço são as mesmas com que ando, corro, caio ou brinco desde criança. Nesse sentido, a experiência de uma vida pode ser traduzida, por exemplo, no simples gesto de erguer um braço ou uma perna.

Mas uma coisa é levantar a perna à custa de uma enorme tensão, o que, em lugar de exprimir uma ação ou sensação, revela apenas o esforço empregado para erguê-la cada vez mais alto em mera exibição de flexibilidade e perícia técnica. Outra coisa é fazer desse movimento a expressão exata daquilo que se busca atingir, seja um sentimento, uma emoção ou até mesmo um gesto abstrato.

Isso não significa que me oponho a qualquer aperfeiçoamento técnico, mas que coloco em evidência o limite de toda e qualquer técnica. Por exemplo: quando trabalho as pernas, não há necessidade de erguê-las além de 90 graus em relação ao tronco. Trabalhando correta e regularmente nesse limite, é possível obter não só o relaxamento das articulações como também a ação plena dos músculos responsáveis pela preservação dos espaços articulares. Então, quando estiver dançando, posso erguer a perna ao máximo, deixando fluir por intermédio do movimento toda minha emoção, estabelecendo assim uma comunicação viva e real com o público.

A essência do trabalho corporal que proponho é a busca da sintonia e da harmonia com nosso próprio corpo, o que possibilita chegar à elaboração de uma dança singular, original, diferenciada, e, por isso mesmo, rica em movimento e expressão. Para ser intérprete de minhas emoções tenho necessariamente de me despojar de uma imagem que me foi de alguma forma imposta para adotar a postura que corresponde à minha trajetória pessoal e à minha existência cotidiana. É o mesmo que apagar um quadro cheio de frases vazias que me foram ditadas para dar início ao aprendizado de um novo alfabeto, de uma linguagem capaz de traduzir aquilo que verdadeiramente sinto e quero expressar.

Reafirmo que um corpo inteligente é um corpo que consegue adaptar-se aos mais diversos estímulos e necessidades, ao mesmo tempo que não se prende a nenhuma receita ou fórmula preestabelecida, orientando-se pelas mais diferentes emoções e pela percepção consciente dessas sensações.

No entanto, é muito comum a tendência à assimilação de posturas que não revelam o nosso modo de ser, mas que têm como referência modelos exteriores a nós mesmos, por exemplo, os nossos pais. E a uma determinada postura corresponde uma forma de agir e pensar. Então, se não é realmente nossa postura que procuramos ostentar, como podemos desenvolver ações e idéias próprias? No trabalho corporal – mas não só nele – é muito importante perceber nossa imagem com base nas referências mais íntimas e interiores.

Obviamente, a todo instante somos submetidos a uma série de condicionamentos sociais e culturais. De acordo com a lógica e a disciplina de um mundo orientado para o trabalho, somos levados à mais completa imobilidade e a desempenhar uma forma mecânica de gestos. O universo da produção é hoje um universo de trabalho alienado, no qual também o corpo é submetido a um conjunto de práticas de domesticação social.

Essa ordem começa a sofrer um revés, no entanto, no momento em que nos recusamos a desempenhar certos papéis segundo fórmulas preconcebidas. Nesse sentido, um corpo livre de condicionamentos e dono de suas expressões, em alguma medida revela-se um incômodo à ordem social existente, uma vez que busca recuperar a percepção da totalidade dentro de uma sociedade fundada exatamente na fragmentação.

Essas observações são ainda muito superficiais diante do universo que é o próprio corpo humano. Certamente, há muita coisa que até hoje não foi possível compreender e que talvez transcenda qualquer plano de entendimento. Ainda assim, os problemas e obstáculos que se apresentam diante de nós no cotidiano obrigam ao encadeamento de ações e à busca de soluções que podem vir a ser mais ou menos satisfatórias, matando ou vivificando o corpo.

Uma boa relação postural pode ser conseguida com o equilíbrio entre as diversas partes do corpo. Nesse processo, o mais importante é a relação de equilíbrio entre a parte anterior do tronco e a parte posterior das pernas, em oposição à força exercida pela musculatura anterior das pernas.

A musculatura correspondente à parte posterior do corpo é aquela que nos mantém em pé e também a que mais cedo nos derruba. A falta de exercícios apropriados ou executados de maneira equivocada torna essa musculatura mais forte e mais tensa ainda, prejudicando a ação da musculatura anterior, que nos direciona.

Assim, se a força posterior permite um certo equilíbrio, a força muscular anterior orienta esse equilíbrio no espaço. Podemos, então, dizer que as costas são a base de sustentação de nossa forma, e a nossa frente o ponto de partida de nosso movimento.

Quanto às partes superior e inferior do corpo, podemos dizer que a diferença básica reside no esforço muscular que se volta para baixo, na parte inferior, e para cima, na parte superior. Nos dois casos, o desenho muscular descreve uma diagonal espiralada que parte sempre do centro do corpo em direção às extremidades.

Se você observar seu corpo e tocá-lo cuidadosamente, encontrará diferenças enormes quanto à flexibilidade, percepção e sensibilidade entre as partes anterior e posterior, inferior e superior, direita e esquerda. Perceberá regiões mais tensas ou mais sensíveis do que outras, pontos do corpo em que a pele é mais macia ou os músculos mais flexíveis.

Devido a incorreções, vícios de postura ou problemas físico-emocionais, a musculatura posterior das pernas e a musculatura anterior do tronco tendem a atrofiar-se, o que é comum à maioria das pessoas e torna-se ainda mais evidente ao longo dos anos, com o acúmulo de tensões de toda ordem.

A esse encurtamento dos grupos musculares que, teoricamente, seriam responsáveis pelo trabalho de abertura, corresponde uma sobrecarga da parte posterior do tronco e da parte anterior das pernas, que passam a atuar para buscar uma compensação. Obviamente, não se trata de uma regra geral, mas de uma tendência comum à maioria das pessoas. Por isso, permito-me sugerir como realizar um trabalho corporal com o objetivo de conseguir uma boa relação postural.

Normalmente, os exercícios feitos para o fortalecimento das pernas são mal orientados e acabam fortificando ainda mais o quadríceps, criando as chamadas "pernas de jogador". Tais exercícios, executados sem o encaixe correto das articulações e com extrema violência, acabam causando uma grande desproporção muscular entre as partes posterior e anterior das pernas.

Uma maneira fácil de verificar o encurtamento da musculatura posterior é abaixar e tentar tocar o chão com as mãos, procurando ao mesmo tempo manter as pernas alongadas ao máximo. Teoricamente, nesse movimento os abdutores devem estar todos em ação, preservando os espaços de articulação para um melhor trabalho muscular.

Para compensar o encurtamento, porém, o corpo deve cair ligeiramente para a frente e os joelhos devem estar levemente girados para fora, no sentido do máximo alongamento possível. Além disso, é importante preservar os espaços articulares, tanto no movimento de abaixar quanto no de levantar.

As articulações atuam, então, como verdadeiras dobradiças, desde a cabeça, passando pelo pescoço, o esterno, a crista ilíaca, a coxofemoral, o joelho, o tornozelo e o metatarso. É interessante notar que esse tipo de movimento corporal só existe entre os povos ocidentais e, mesmo assim, entre os adultos: as crianças e os chamados povos primitivos não executam esse movimento instintivamente. Quando se abaixam, sentam ou levantam, percorrem um caminho sinuoso e espiralado. Outro fato interessante é observar o momento em que uma pessoa desmaia: o corpo nunca cai para a frente, mas em diagonal, passando pelas articulações laterais.

Ao considerar nosso desequilíbrio postural não é possível reconhecer um procedimento que se aplique a todos indiscriminadamente. No caso das pessoas gordas, por exemplo, a flacidez aparente reflete a rigidez provocada por tensões profundas. Há uma forte couraça muscular que ainda é mascarada pela flacidez, por uma pseudoflexibilidade. Essa pseudoflexibilidade aparece também no caso das pessoas que conseguem abrir as pernas ao máximo, mas a custo de muita tensão e esforço.

Mais uma vez, no caso específico da dança, me parece que só é possível obter resultados satisfatórios a partir do momento em que, aliado a um trabalho consciente de alongamento, consegue-se um mínimo de equilíbrio físico-emocional e, portanto, postural. Daí a necessidade do trabalho de preparação e conscientização de que falei em toda a primeira parte do livro, e que costuma revelar a dificuldade que as pessoas têm de enfrentar esse processo de reestruturação, preferindo, muitas vezes, desistir já no início do trabalho e conformar-se com o que está convencionado e reconhecido socialmente por todos. Existe um medo muito grande do autoconhecimento e a maioria das pessoas não resiste ao processo inicial, que sem dúvida requer uma grande dose de vontade e despojamento.

Mas, quando a pessoa vence esse tipo de bloqueio e passa a experimentar um certo equilíbrio postural, também a sua postura intelectual e emocional sofre significativas alterações. O fato é que o trabalho corporal encerra uma dimensão terapêutica, na medida em que toma o corpo como referência direta de nossa existência mais profunda.

Da mesma forma como é muito difícil obter equilíbrio postural estando emocionalmente desequilibrado, é também muito difícil manter um equilíbrio intelectual e emocional sem estar numa boa relação de equilíbrio postural.

Sabemos que o corpo está sujeito a limitações naturais correspondentes a estrutura, peso, relação com o espaço e outras, mas isso nada tem que ver com as limitações e os condicionamentos decorrentes de bloqueios e tensões acumulados ao longo de toda uma vida. O corpo humano é normalmente atravessado por um fluxo energético que, se não for interrompido por esses bloqueios e tensões, permite que o movimento flua livremente.

O esterno e os quadris são as duas usinas do corpo, e precisamos conhecer e respeitar esse papel. O esterno é lançado para cima, na direção do céu, enquanto os quadris voltam-se para baixo, na direção da terra. Pelas pernas e pelos pés mantenho minha origem telúrica, animal. Pelo tórax e pela cabeça avanço no domínio da emoção e da razão.

Desse equilíbrio de forças opostas e complementares nasce minha dança. Mas se busco demais o chão, acentuo meu peso em relação à gravidade, o solo me puxa para baixo. Do mesmo modo, se ultrapasso meu ponto de elevação, perco o equilíbrio e minha base de sustentação. Parafraseando o ditado, nem tanto ao céu, nem tanto à terra.

A postura, portanto, não é uma coisa fixa. É tão flexível quanto o galho de bambu e profunda como suas raízes, o que permite que meu eixo oscile para a frente e para trás de acordo com meu estado físico-emocional. Porém, à grande flexibilidade deve corresponder uma enorme força e resistência. Assim como o bambu, o corpo humano tem a propriedade de dobrar-se sem se quebrar – quando respeitamos sua natureza e colocamos em prática suas potencialidades.

12 ‖ Na sala de aula

Antes de tudo, preciso colocar os alunos na sala de aula. Eles precisam descobrir que se encontram entre quatro paredes, conscientizar-se de que não estão na rua, ou em casa, ou no trabalho. É necessário começar por aí, porque senão a tendência é que as pessoas permaneçam distantes, sem tomar consciência do corpo e do ambiente.

Começo então propondo que façam um círculo, sentem-se no chão – onde eu também me sento – e falem do que quiserem, da vida, de por que estão ali, o que buscam em uma sala de aula. Falar é uma das formas pelas quais um ser humano situa-se no mundo, uma maneira de o corpo traduzir o que está sentindo.

Esse preâmbulo serve para que o grupo se conheça, se situe, descubra que está mesmo em uma sala, ainda que nem todos tenham a mesma disponibilidade para falar. Muitas vezes, é claro, dizem bobagens, coisas sem interesse, mas tudo isso é esperado e natural.

A DANÇA

133

Não tenho pressa nem um tempo determinado para essa introdução: a duração depende de cada turma, da reação de cada um e da reação de uns com os outros, da minha intuição e disponibilidade. Um dia conversa-se mais, outro dia menos.

A desestruturação que busco começa aí porque os alunos, em geral, não esperam por isso, não pensam em uma possibilidade dessas, talvez nem quisessem passar por uma experiência assim. Mas é exatamente o que quero, isto é, chegar até eles, iniciar uma relação de cumplicidade, de confiança, de troca, porque não creio que seja possível dar uma boa aula para pessoas que você nunca viu e das quais não sabe nem o nome. Uma aula dessas é inútil.

O que pretendo é derrubar a divisão entre a sala de aula e o mundo lá fora, acabar com as paredes, as barreiras, mostrando ao mesmo tempo que em toda sala de aula existe também uma ordem interna que deve ser consciente.

Não busco estabelecer qualquer relação com os alunos com base na possível técnica ou facilidades que cada um me apresenta e sim na relação entre seres humanos que convivem em um mesmo grupo. Normalmente, interesso-me mais por aqueles que têm mais dificuldades de expressão, de se expor, de falar.

Em pouco tempo todos descobrem que o professor não é o dono da verdade, não sabe tudo, existem coisas que não sei responder. É aí que a relação começa a surgir, é a partir daí que descobrem que sou um ser humano como qualquer outro e então sentem condições de abrirem-se e falar um pouco deles mesmos.

O que fica claro é que as dificuldades – todas, verbais ou físicas – são resistências porque, na verdade, todos nós nos movemos, todo mundo pode dançar, e se um levantar a perna mais alto do que outro isso não quer dizer que seja melhor bailarino ou tenha mais facilidade de expressão.

A DANÇA

Existe a questão do ritmo de cada um em uma sala de aula e essa realidade tem de ser respeitada. Não quero de forma alguma que todos tenham o mesmo ritmo e sim que cada um se desenvolva de acordo com sua capacidade. Apenas faço propostas e espero que cada aluno reaja como quiser e puder.

É também nesse início da aula que surge a questão da timidez, da disponibilidade de trocar, expor-se, falar em grupo. Também não interfiro nisso, espero que cada um descubra seus limites. Acredito que as pessoas têm de chegar a um certo nível de entendimento de si mesmas para que depois possam trocar. Insisto: as aulas não pretendem ser terapias, ainda que para alguns dos alunos eu possa até servir como terapeuta. Para outros, no entanto, sou amigo, ou professor, ou médico. Ou bruxo. Cada um que olhe como quiser.

O que pretendo nesse início é mostrar a necessidade de relaxar, sem que esse relaxamento leve ao *despencar,* isto é, à desatenção, ao desmontar dos músculos. O comum, quando o professor pede para que as pessoas relaxem, é que elas se soltem totalmente, perdendo a noção do próprio corpo e do espaço.

O que proponho, ao contrário, é que não percam essa noção, que relaxem, deixem a musculatura à vontade, que busquem desde o princípio da aula o grau mínimo de atenção necessário para manter o equilíbrio. Ou seja: relaxar não significa sair da aula, afastar-se da sala, distrair-se, fugir de si, ausentar-se. É possível relaxar e permanecer presente.

Antes de tudo, portanto, preciso mostrar que temos um corpo, convencer cada um da existência desse corpo, do qual só nos lembramos quando sentimos dor, indisposição, cansaço ou excitação física. Por isso, proponho que o início do trabalho seja feito com conversas informais, como já disse. Também peço para que, enquanto falam, eles toquem em alguma parte do próprio corpo, levemente, massageando e buscando reconhecer os ossos.

Dessa forma, meus alunos começam a descobrir que há uma relação entre a verbalização e a descoberta corporal. O ritmo e a musculatura interna transformam-se, tornam-se mais presentes quando unimos a conscientização física ao processo verbal.

Esse é um exercício que deve ser repetido sempre, porque é difícil termos consciência da existência física, estarmos presentes: vivemos muito em relação ao passado, ou nos sonhos em relação ao futuro, mas somos incapazes de viver o momento presente no nível físico. A proposta, então, é manter viva uma parte do corpo – geralmente os pés, por onde começo as aulas – enquanto a conversa se desenrola.

Para mim, o ponto mais importante do corpo são os pés. Por isso proponho que comecem o trabalho com uma massagem, para sentir os pés, a forma, a sensação tátil, as diferentes possibilidades de movimentação dos pés, como transformá-los em algo expressivo, vivo, sensual.

Não tenho, porém, qualquer preocupação específica com anatomia. A questão é descobrir os ossos. Ou mais que isso: é verificar os espaços que existem entre eles, porque é aí que estão baseadas as alavancas do corpo. E me interessam particularmente os entrededos, porque é ali que as pessoas começam a travar.

No trabalho isolado e inicial com os pés – realizado enquanto se conversa sobre qualquer coisa – os alunos começam a recuperar e a perceber a totalidade e a ligação entre as várias partes do corpo. Passam também a tornar conscientes gestos até então mecanizados pela prática cotidiana.

Assim, aumentam-se a quantidade e a qualidade dos movimentos dos pés, ampliando sua mobilidade e descobrindo novos pontos de apoio. Esse esforço repercute por todo o corpo, uma

A DANÇA

vez que cada articulação integra um todo orgânico. Ao trabalhar isoladamente uma articulação, ao dissociar partes do corpo, pouco a pouco torna-se possível recuperar a percepção da totalidade. A dissociação torna-se útil à associação.

Mostro aos alunos que é possível descobrir o pé movimentando-o de acordo com as dobradiças (tarso, metatarso, dedos), experimentando os movimentos de flexão, inversão, eversão, distensão e rotação (este último sendo a ligação entre todos os anteriores).

Em meio às trapalhadas e brincadeiras iniciais, passamos a descobrir musculaturas mais profundas quando nos detemos na curva do pé, imprimindo, por exemplo, um movimento que lembra o bocejar, o espreguiçar, o cansaço.

Aos poucos, todos percebem que a expressão não está necessariamente relacionada com as formas que estamos habituados a ver e reproduzir. Ao contrário: a origem do movimento expressivo está nas musculaturas mais sutis e profundas que, uma vez captadas e compreendidas, não devem ser esquecidas ou perdidas. São essas musculaturas que dão expressão vital ao corpo.

A criatividade exige espaço. Sem espaço interior não é possível exteriorizar nossa riqueza expressiva nem criar novos códigos de comunicação artística ou cotidiana. É por isso que procuro desestruturar meus alunos desde o início da aula.

Depois da conversa, peço que se deitem no chão e observem-se: a intensidade da respiração, a temperatura, o que estão sentindo, o que não estão sentindo, o que é agradável, o que não é agradável. Peço ainda que imaginem um giz traçando o desenho do corpo no chão, como um mapa deles mesmos, no qual as várias regiões diferenciam-se: traços mais fortes, em que o contato é mais pesado ou profundo, mais delicados onde o contato é menor, ausência de linhas nas regiõesem que o corpo não toca o chão.

Outro exercício inicial já revela quanto é mecânico e limitado nosso repertório de gestos. Procurar várias maneiras de deitar, sentar, agachar e ficar em pé geralmente resulta em repetição a partir da terceira tentativa. Depois de demonstrações convencionais, as pessoas se recolhem ou passam a imitar os companheiros. São poucos os que se permitem maiores ousadias.

No entanto, essa pequena movimentação já possibilita uma mudança de ritmo, certa descontração e o início de um aquecimento. Peço então que voltem a deitar-se, para que percebam as transformações que ocorreram em relação às referências anteriores, quando se tentou traçar os contornos do corpo com o giz imaginário.

Uma das etapas seguintes refere-se à importância dos olhos, à percepção da musculatura que reage ao olhar. E aqui cabe um lembrete: quase não usamos a visão até a linha do horizonte. O estado de alerta traz a sensação de maior amplitude de movimentos. Postura comum nos animais, os seres humanos – principalmente em meio ao caos urbano – tendem a perder essa qualidade da visão. Para atores e bailarinos, no entanto, o domínio desse atributo é fundamental.

Nesse processo de descoberta do próprio corpo, incentivo meus alunos a observarem o espaço no qual transcorre a aula, a tentar sentir o clima da sala, sentir a relação com colegas e professor, como são essas pessoas, notando sempre que experimentar novos lugares no ambiente leva também a novas sensações e referências físicas.

A princípio, é claro que todos agem como se obedecessem apenas às minhas orientações. A proposta, porém, é superar possíveis constrangimentos e atingir a naturalidade. Como mencionei, não existem regras fixas de pesquisa ou aprendizado. O importante é permitir que os movimentos surjam, sem obsessão ou intelectualização. O corpo tem suas leis, como a natureza. É preciso atenção e cuidado para não agredi-lo.

Desde o início da aula minha tendência é prestar mais atenção àqueles que se mostram menos, que têm mais dificuldades, não àqueles que querem aparecer ou chamar a atenção do professor. Não que eu prefira uns a outros, mas sei que os que tentam chamar a atenção estão apenas começando o processo e que, naturalmente, vão voltar-se para si mesmos com o passar do tempo. Ou, o que também acontece, vão abandonar as aulas.

Não que tudo aconteça sempre da mesma forma. Várias vezes vi alunos desistirem no primeiro dia, normalmente gente que costuma perguntar: "Tudo isso é muito bom, muito interessante, mas quando é que vamos dançar?" Outros alunos opõem-se sistematicamente ao trabalho. Se começo a aula pela cabeça, eles começam pelos pés. Não largam as aulas, me acompanham durante anos, mas recusam-se a fazer o que proponho. Claro, é uma forma de dizer que existem, que têm uma individualidade, ainda que seja pela negação.

Já nesse início de aula é possível mostrar a importância e a existência do tônus: a medida certa, a quantidade exata de tensão que se pode colocar em cada osso. É daí que surgem todas as coisas, a forma ideal a usar, que não deve massacrar nem soltar inteiramente ossos e músculos.

O que importa, sempre, é levar a consciência corporal até os alunos, porque penso que bem mais importante do que conhecer o espírito é saber que o corpo existe, está aqui comigo e dependo dele para viver. Cada um começa a descobrir o próprio corpo, seu ritmo, e somente aí esse corpo pode começar a dançar, interpretar, expressar-se. Nisso não há nada de esotérico, divino ou coisa assim: quero apenas recuperar o lado lúdico do movimento.

É claro que cada um tem seu limite de percepção e, como professor, tenho de respeitar esses limites. A cada dia, porém, eles entendem uma informação corporal diferente e vão juntando os dados. Procuro sempre chamar a atenção de cada um para si mesmo, a fim de que se percebam, olhem-se, conheçam-se, notem o peso de seus corpos. Peço que observem os cinco sentidos e como o corpo reage por inteiro. Passamos então a observar um ponto específico do corpo – os pés, por exemplo – e, ao final da aula, voltamos a olhar para o corpo como uma totalidade.

A musculatura é tão complexa e articulada que é possível partir de qualquer parte do corpo e mexer com a totalidade: se mexo um dedo da mão, mexo também com todos os ossos do corpo. As articulações estão interligadas e qualquer movimento em um determinado osso ou músculo leva informações para o resto do corpo. Às vezes dou aulas apenas sobre as mãos e, ainda assim, é possível descobrir como todo o corpo reage.

Volto, então, à questão do tônus: entre cada articulação existem cápsulas e essas cápsulas contêm um líquido que, conforme o aquecimento, começa a dar elasticidade à musculatura. Daí o valor de um aquecimento bem-feito, profundo e detalhado.

Um exemplo para que o aluno descubra o que chamo de tônus: se você tensiona fortemente a mão e depois, aos poucos, vai relaxando a pressão dos dedos, existe um ponto em que passa a não perceber mais a mão. É esse o ponto do tônus – o ponto exato no qual se deve deixar a tensão muscular ao iniciar um trabalho que envolva os músculos.

O tônus, dessa forma, é uma tensão contínua – mas não incômoda – e é impossível fazer um bom trabalho físico sem a consciência desse fato, ou repetir um determinado movimento sem saber que músculo está sendo usando, por que trabalhar uma musculatura ou para que ela existe.

O tônus faz que meu corpo e os pontos de tensão fiquem mais presentes, e é dessa forma que quero que meus alunos percebam seu corpo. Após esse processo de conscientização do papel dos músculos e ossos é possível começar a transformar uma ginástica fria em movimentação expressiva.

O processo inicial, portanto, é esse: uma conversa informal, ao mesmo tempo que os alunos massageiam os pés ou, às vezes, o joelho. Falo sobre buscar o tônus, proponho que se levantem e corram pela sala o mais rápido e mais devagar que puderem, para que tentem descobrir como seu corpo reage a essas diferentes velocidades.

É também por meio do olhar que mostro a necessidade da relação com o espaço. O espaço é limitante e é necessário conviver com ele, aprender a olhar os limites da sala e além da sala. Essas diferentes intenções geram diferentes reações musculares, e é isso que me interessa mostrar.

Quero então saber como se sentem em relação a esse espaço onde trabalhamos, se há alguma modificação na percepção, se sentem tudo da mesma forma. E a melhor forma de saber se há alguma diferença, eu mostro, é a partir da respiração, retrato da emoção. A respiração é um processo de troca com o mundo, eu me alimento por meio dela. Exatamente por isso fico sem resposta quando prendo a respiração, quando deixo de me relacionar e trocar com o mundo.

Tudo isso vai dando espaço para cada pessoa, cada aluno, e dar espaço é criar a possibilidade de vivenciar coisas novas. Por isso, insisto sempre que a forma não importa e que essa forma só pode tornar-se interessante quando passa a ser conseqüência de todo um processo: a emoção não é forma, a emoção é movimento.

Somente quando tenho distanciamento dessa emoção é que posso começar a transformá-la em forma, posso então falar so-

bre ela, procurar esclarecê-la. Sob o efeito da emoção é impossível falar: nessa hora a emoção é disforme. O choro não tem hora certa nem forma exata.

Muitas vezes um ou outro aluno se emociona e chora nas minhas aulas, mas não levo essa reação muito a sério: o choro costuma ser uma coisa fácil e não significa grande coisa. Repito sempre que não estou fazendo terapia em ninguém – apenas em mim, talvez – e sei que as lágrimas são uma necessidade natural de atenção, não têm nada de tão profundo.

Tudo isso representa o início de uma *desconstrução* e, aos poucos, as pessoas começam a perceber que por meio dessas ações as cadeias musculares desfazem-se, abrem-se, ainda que nunca tão rapidamente como seria o ideal. Dando espaço para os músculos, toda a história de vida das pessoas começa a surgir, as alegrias e tristezas, desgraças e felicidades, a fome e a vontade, as frustrações e fantasias.

Com isso, os movimentos tornam-se mais soltos e começa a nascer uma coreografia natural a partir de pequenos estímulos. Só então a música surge, de preferência tocada por músicos sensíveis, criativos e inteligentes como João de Bruçó – que trabalhou comigo durante anos –, que produzia sons transformados em movimentos espontâneos pelos alunos.

O movimento, então, e a dança posterior são a união entre esses gestos que buscam a naturalidade de cada um. É esse estímulo inicial que vai gerar a movimentação, tímida de início, mas que toma conta do corpo e cria um desenho no espaço. Meu papel, como professor, é respeitar a individualidade desses movimentos e mostrar a cada aluno o que existe de universal em seu movimento.

Mostro então que em todas as cadeias musculares existe o princípio do encurtamento e do alongamento e que, com atenção, é possível descobrir a história de cada corpo. Ao mexer esses pontos, ao conhecê-los melhor, a emoção dessas memórias vem à tona e é a partir de então que começa a surgir um código que retrate essas lembranças.

Chamo a atenção dos alunos também para o ponto que fica quatro dedos abaixo do umbigo, que corresponde a nosso centro físico e emocional. Popularmente dizemos que sentimos "um frio na barriga" porque a emoção está ali, tudo vem dali, o *port-de-bras* do balé, a postura inicial do ioga, todos nascemos dali.

A postura ideal, portanto, parte desse ponto e significa a busca do equilíbrio entre duas forças, a razão e a emoção, o sim e o não, os opostos que nos acompanham toda a vida. O que quero é incorporar essas diferentes sensações na sala de aula e não violentar cada corpo, respeitando-o, fazendo que cada um possa conhecer-se e aproximar-se.

Se todo movimento parte de um ponto específico, mostro que a partir desse ponto posso transmitir informações para todo o corpo. Mostro que se uma pessoa tem o que chamo de "centro de força" nos ombros, ela pode gerar movimentos a partir daí para todo o corpo e ainda assim esses movimentos sempre terão alguma relação com o centro irradiador inicial.

Esse centro de força é o ponto de tensão de cada um; não é o mesmo para todos nós. O que proponho é que cada aluno busque seu centro de força e que espalhe por todo o corpo essa tensão, que leva à conscientização física, muscular e óssea.

É curioso traduzir minhas aulas dessa forma porque, na verdade, nunca me preocupei em analisar cada seqüência ou descobrir seu papel na sala de aula. Como cheguei até esse trabalho por meio de experimentações ao longo de quarenta anos, acho difícil traduzir tudo isso ou, mais ainda, dar uma receita: esse não deve ser um livro culinário.

Sinto que é ainda mais difícil sintetizar minha aula porque, ao contrário de Martha Graham e outros pesquisadores da dança e do movimento, não tenho fórmulas específicas, posições iniciais, símbolos ideais. Graham, por exemplo, instituiu uma série de exercícios básicos que devem ser repetidos na sala de aula por todos os que pretendem seguir seus ensinamentos.

Eu, ao contrário, não proponho fórmulas nem posições básicas, seqüências de posturas ou qualquer organograma desses porque acredito que idéias corporais pré-fabricadas forçam e deturpam a individualidade do aluno. Além do mais, em geral as técnicas mostram onde o movimento começa, mas o que me interessa é o fim desse movimento porque é isso que vai dar espaço para a união com o movimento seguinte.

Ao mesmo tempo, não me preocupo com o fato de que outros poderão copiar minhas aulas. Não tenho qualquer ciúme em relação a isso porque no fundo ninguém copia ninguém: uma aula de Graham é inteiramente diferente da aula de uma assistente dela. Pina Bausch tem um modo de ensinar distinto daquelas pessoas que fizeram cursos com ela na Alemanha.

Ou seja: ninguém pode usar o método Klauss Vianna a não ser eu mesmo, porque todo esse método tem relação com a minha própria vida, com talentos e dificuldades. A cópia não existe: existem idéias e seqüências que podem ser utilizadas por outros interessados. O que quero é fazer aqueles que participam das minhas aulas sentirem-se bem com seu corpo e em qualquer sala de aula, seja ela de técnica clássica, senegalesa, Graham, butô, tai-chi ou num baile de debutantes. O exercício não importa: importa é como você o executa.

Por tudo isso, por ser um gênero de aula que não tem seqüência rígida e depende muito da relação entre professor e alunos, não escondo nada na sala: às vezes fico com preguiça, ou mal-humorado, ou cansado. Mas não escondo essas sensações e digo a eles "Olha, hoje não estou bem, a aula talvez não seja grande coisa".

Mostro a situação e começo a aula mesmo assim. Às vezes, em alguns minutos eles modificam meu humor; em outras ocasiões permaneço mal-humorado. Ou simplesmente desisto e suspendo a aula, propondo-a para o dia seguinte. Não são sensações que eu goste que ocorram, mas não tento escondê-las e sim decidir com os alunos, respeitando minha sensação momentânea.

Mas não posso esquecer que estou trabalhando com seres humanos, não com bailarinos, ou esportistas ou professores, ou donas-de-casa. São seres humanos que buscaram a minha aula porque acreditavam que eu lhes poderia apontar caminhos. O que busco, então, é dar um corpo a essas pessoas, porque elas têm coisas a dizer com seu corpo. Por isso não faço qualquer proposta de movimentos que não tenham aplicação na vida diária. Quero que o trabalho seja simples e natural.

Talvez por tudo isso minha aula não seja copiável: apesar de durar duas horas, ela não acaba. Assim como essa minha pesquisa, que dura décadas e não tem ainda uma resposta definitiva. Nem nome específico. O que importa é lançar as sementes no corpo de cada um, abrir espaço na mente e nos músculos. E esperar que as respostas surjam. Ou não.

13 | Magia e técnica

Todo esse trabalho tem algo de paradoxal: falo de coisas que devem ser sentidas e não pensadas. Mas, para aqueles que conhecem um trabalho desse gênero, qualquer que seja o nome que lhe é dado, este livro poderá ser uma confirmação ou o esclarecimento de alguma observação anterior. Aos outros, que têm uma aspiração ainda que vaga de conhecimento, a leitura destas páginas pode ser o início de uma busca através de meios práticos.

Existe, entretanto, entre este livro e a realidade, toda a diferença que separa um croqui topográfico do país verdadeiro que esse croqui representa. É difícil e às vezes desnecessário teorizar: a prática é fundamental, sempre.

Sabemos que as idéias aqui apresentadas estão ligadas por uma coesão profunda e interna que é a experiência vivida por mim mesmo. Como disse um mestre zen, para saber se a água de um balde está quente ou fria deve-se meter a mão no balde. De nada servirá a discussão, por mais brilhante que possa ser.

Assim, partiremos sempre do princípio de que existem diversos caminhos para alcançar determinada meta. No nosso caso, a meta é interior, o que torna as coisas um pouco mais complicadas. Mas o resultado desse trabalho surge também no exterior, no corpo. Existe um processo de alquimia interior que acompanha cada ser humano e é com essa alquimia que cada um deve exprimir-se, buscando não se trair, até chegar à integração de seus recursos físicos e psíquicos.

O resultado, para quem souber ver, será o mesmo para o artista, o carpinteiro, o pensador, a dona-de-casa, o professor: encontraremos neles a mesma realidade dinâmica do ser humano realizada por meio de um longo corpo-a-corpo entre a matéria e suas limitações.

Mas essa transformação é um processo que exige tempo, mesmo quando se dá por etapas. E o tempo será inútil se cada ser humano não tiver por método um trabalho profundo e correto, centrado na conscientização e na continuidade, que são ainda mais importantes do que a força e a quantidade. Com isso, exige-se um mínimo de perseverança e coragem. O resultado será forçosamente essa totalidade, conseguida mediante o alto preço pago ao corpo e ao espírito.

Observemos que a desarmonia não está, em nenhuma parte, mais evidente do que no emprego que todos fazemos do corpo e dos movimentos, em ações simples como estar em pé, correr, caminhar ou na relação com os objetos do cotidiano. Até mesmo o simples falar é realizado com total falta de harmonia e eficácia.

Se quisermos aprofundar mais essa observação, encontraremos claramente um dos fatores dessa desarmonia na debilidade da coordenação. É como se as diferentes partes do aparelho motor perdessem a ligação que fazem do corpo uma unidade. O outro elemento que chama a atenção é o emprego defeituoso da força, que passa da crispação ao relaxamento. A impressão final é a de uma máquina mal regulada, sem o fluxo de um ser vivo.

Estranhamente, as imagens que nos vêm a mente não são as de um doente incurável ou aleijado, mas sim as dos homens ditos normais, que encontramos diariamente na vida contemporânea, em especial nas grandes cidades.

Se tivermos chance de encontrar um ser humano que conservou ao menos parcialmente ou reencontrou em um trabalho a sua harmonia motora, ficaremos surpresos com a unidade de seu corpo, incorporado em gestos, e encontraremos nele a economia e a simplicidade dos movimentos.

E se é pelo corpo que percebemos essa desarmonia, sabemos agora que a expressão corporal reflete tudo que sou: minha história, o que penso, como sinto. Vida interior e expressão corporal são coisas inseparáveis.

A idéia de conceber o homem como unidade separável é relativamente recente, e aceita na cultura ocidental desde a Renascença. A medicina de Hipócrates, ao contrário, e desde a antiga Grécia, baseia-se no princípio da unidade do corpo. Os chineses desenvolveram, em toda a sua história, uma fisiologia energética rica e complexa; as artes e os esportes tradicionais de todo o Extremo Oriente são baseados na ligação entre espírito e matéria, unidos por essa energia da qual a circulação é a característica básica dos seres vivos.

Negligenciada depois da época de Descartes, essa concepção unificada da natureza humana reaparece em nossos dias com força crescente. A jovem medicina psicossomática descobriu algumas ligações entre vida psíquica e orgânica, e a palavra passa hoje a ser um dos ingredientes mais importantes da expressão física.

Essa expressão corporal é comum a todos e permite distinguir, não importa em qual parte do mundo, a vontade de cada ser humano. O homem é uno em sua expressão: não é o espírito que se inquieta nem o corpo que se contrai − é a pessoa inteira que se exprime.

Meu trabalho, portanto, busca dar espaço para a manifestação do corpo, com os conteúdos da vida psíquica, das expressões dos sentidos, da vida afetiva. Não é possível negligenciar ou esquecer tais coisas nem fazer que o corpo permaneça mudo e não transmita nada: as informações que ele dá são incontroláveis. Temos é que conhecer esses processos internos poderosos e dar espaço para que eles se manifestem, criando assim a coreografia, a dança de cada um.

A VISÃO DO OUTRO

Klauss: educando os sentidos

Conheci Klauss Vianna em 1982, época em que, recém-fixado em São Paulo, ele chamava atenção tanto pela renovação que imprimia no antigo Corpo de Baile Municipal (o nome Balé da Cidade de São Paulo surgiu em sua gestão), como pelas aulas que dava em alguns estúdios de dança da cidade. Nesse ano, freqüentando um de seus cursos, descobri o reverso de tudo que se ensinava nas escolas de balé.

Eram aulas semanais, todas as sextas-feiras, num salão encravado em plena rua Augusta. Os alunos – em vez das turmas que ficavam brigando com o próprio corpo, em disputa pela perna mais alta ou pelo maior número de giros numa pirueta – formavam um grupo super-heterogêneo. Gente de todas as idades e profissões, com ou sem técnica de dança. Havia bailarinos sim – mas que, ali, pareciam estar de volta ao começo, reformulando tudo que sabiam.

Se, de início, as aulas de Klauss provocavam estranhamento, com o tempo criavam um grande envolvimento: o dia de aula passava a ser esperado como um dos momentos agradáveis da semana – era a oportunidade de livrar-se das couraças do dia-a-dia e de lá sair mais leve e descontraída, mais em harmonia com o mundo e comigo mesma (sensação que todos pareciam partilhar).

Nosso contato com a aula começava por um exercício de "chegada" – antes de qualquer coisa, era preciso sentir-se presente, desvencilhando-se, aos poucos, do que o dia havia deixado para trás. Trabalhando o corpo em detalhe, sentíamos as extensões e limitações de nossa musculatura, de nossos movimentos. Sentíamos também nossa relação com o chão (ou com a "gravidade", como ele diz); e ainda o peso do corpo. No jogo de percepções empreendido por Klauss, dávamos atenção até ao espaço existente entre os dedos dos pés – tocando e sentindo essa região percebíamos quanto abandonamos e esquecemos certas partes do corpo, aparentemente irrelevantes (assim como fazemos com a vida – ele nos fazia perceber).

Explorando o lúdico de todos nós, Klauss revestia de brincadeira certos exercícios. Percorrendo e descobrindo espaços na sala, sugeria que andássemos agachados ou experimentando os diferentes apoios dos pés (sempre sentindo o trabalho muscular desses movimentos). Havia também o jogo de olhares: olhar pontos diferentes ou um para os outros levava a pequenas descobertas. Assim como a alternância em movimentar-se ao som da música ou ao som do silêncio.

Ao fim de certas seqüências, nos deitávamos no chão: com os olhos fechados canalizávamos os ouvidos para os ruídos mais próximos, depois para os sons mais distantes, mais longínquos... De repente, me dava conta de que estávamos redescobrindo o óbvio – ou a nossa grande incapacidade de, no dia-a-dia, nos fecharmos para as sutilezas (ou a poesia) da vida.

Eterno pesquisador, Klauss trabalha no terreno do experimental – esse campo de acertos e desacertos, da busca contínua de revelações, cujo risco intimida a trajetória de tantos pretensos artistas. Intuitivo por natureza, Klauss tenta apreender a essência e os mistérios de sua arte, fazendo da perene insatisfação sua mola mestra. Embora restrito aos limites de formação e informação de seu país, ele conseguiu, por meio dos requintes da percepção, estabelecer um método de trabalho e ensino próprio, afinado com a filosofia dos grandes artistas da dança contemporânea (como Pina Bausch e Kazuo Ohno).

Mais do que bailarino ou coreógrafo, Klauss se distingue como professor – papel que ele vem desempenhando à semelhança do personagem John Keating, do filme *Sociedade dos poetas mortos* (*Dead poets society*, de Peter Weir). Assim como Keating, ele incita seus alunos a descobrirem-se a si mesmos, questionando o que pensam que sabem e estabelecendo uma postura dialética com o que fazem. Não à toa, os bailarinos e coreógrafos que absorveram suas influências tendem a expressar-se de forma mais arrojada. Transformando suas aulas num laboratório de idéias, desafiando seus alunos, promovendo o intercâmbio da dança com outras linguagens, Klauss abriu caminho para os avanços pretendidos pela dança brasileira.

O germe da inquietação e da criatividade difundido por Klauss está, portanto, presente. Resta, contudo, lamentar a falta de condições de trabalho que um profissional de sua categoria encontra no Brasil.

• ANA FRANCISCA PONZIO
Jornalista, crítica de dança e curadora de eventos de dança

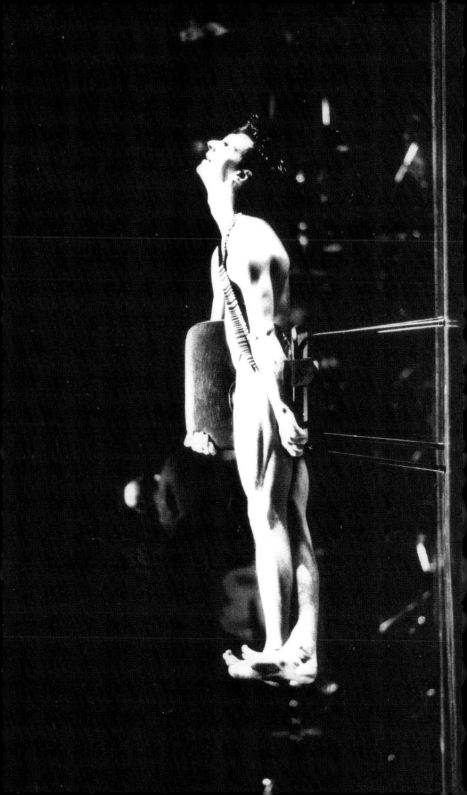

Fontes e créditos das imagens*

PÁGINA 29
Jazz, 1958 – Teatro Francisco Nunes, Belo Horizonte (MG)
Bailarinas: Angel Vianna, Jurandy Figueira, Dione Almeida

PÁGINA 31
O amanuense Belmiro, 1959 – Teatro Francisco Nunes, Belo Horizonte (MG)
Bailarinas: Julieta Pontes, Marilena Amorim
Foto: Ianini

PÁGINA 33
O amanuense Belmiro, 1959 – Teatro Francisco Nunes, Belo Horizonte (MG)
Bailarinas: Angel Vianna, Duda Monteiro, Dione Almeida, Marilene
Martins, Maria Pompéia Pires e Décimo de Castro
Foto: Ianini

PÁGINA 35
O caso do vestido, 1960 – Teatro Francisco Nunes, Belo Horizonte (MG)
Bailarinas: Angel Vianna, Marilene Martins
Foto: Ianini

PÁGINA 47
Hoje é dia de rock (preparação corporal de Klauss), 1974 – Teatro Ipanema,
Rio de Janeiro (RJ)
Atores: Klauss Vianna, Ivone Hoffman e Rubens Corrêa

---

* Infelizmente não foi possível descobrir a autoria de todas as fotografias presentes nesta obra.
Caso você reconheça alguma imagem sua ou de outro fotógrafo nestas páginas, pedimos
que entre em contato com a editora para que seu trabalho seja devidamente creditado. Se
necessário, correções serão feitas nas próximas edições.

PÁGINA 49
Trágico acidente destronou Teresa (preparação corporal de Klauss)
Atores: Klauss Vianna e Renata Sorrah
Foto: Paula Kossatz

PÁGINA 54
O exercício, 1977
Direção: Klauss Vianna
Atores: Marília Pêra e Gracindo Júnior

PÁGINA 66
Dã-dá corpo, 1987 – Teatro Cultura Artística, São Paulo (SP)
Direção: Klauss Vianna
Bailarina: Zélia Monteiro
Foto: João Caldas

PÁGINA 95
Primeira aula de Klauss Vianna na Faculdade de Dança da Bahia, 1963

PÁGINA 102
Preparação corporal para a peça *O arquiteto e o imperador da Assíria*, 1968
– Teatro Ipanema, Rio de Janeiro (RJ)
Em destaque: Klauss Vianna e Rubens Corrêa

PÁGINA 109
Aula, anos de 1980 – Espaço de Dança Steps, São Paulo (SP)
Em destaque: Klauss Vianna e Cecília Oliveira
Foto: Gal Oppido

PÁGINA 120
Aula, 1985 – Escola de dança de Renée Gumiel
Em destaque: Klauss Vianna e Graziela Rodrigues
Foto: Geraldo Guimarães

Página 133
Aula, 1987
Bailarinos: Zélia Monteiro, Duda Costilhes e Izabel Costa

Página 142
Aula, final dos anos de 1980
Alunos: Lucilene Favoreto, Ana Terra e Sidney Donatelli

Página 155
Dã-dá corpo, 1987 – Teatro Cultura Artística, São Paulo (SP)
Direção: Klauss Vianna
Bailarino: Duda Costilhes
Foto: João Caldas

www.gruposummus.com.br